山陰文化ライブラリー 8

古代出雲ゼミナールⅡ

―古代文化連続講座記録集―

島根県古代文化センター 編

ハーベスト出版

はじめに

みなさんは「神話」にどのようなイメージをお持ちでしょうか。個性豊かな神々が繰り広げる時に奇想天外な、時にほほえましいお話の数々は、壮大な古代へのロマンをかき立ててやまないことでしょう。

『古事記』『日本書紀』の「出雲神話」についても、古来から人びとの興味・関心をひき、その背後に秘められた歴史についてさまざまな解釈がなされてきました。

そして近年、神話研究の進展や、説話伝承を裏付けるような考古学的な発見が相次いだことで、神話・伝承から歴史を読み解くことが決して不可能でないことが、次第と明らかになってきました。

『出雲国風土記』についても同様です。これまで文学作品として主に扱われてきた『出雲国風土記』も、その内容を吟味し、他の史料と比較検討することによって、古代の出雲像をより豊かに描くことができることがわかってきました。

こういった最新の研究成果をより多くの方に知ってもらい、古代出雲の魅力をさらに広く発信するため、平成二六年度も、島根県、島根県教育委員会は、東京・大阪・松江の三会場で連続講座を開催しました。上代文学・古代史・考古学研究の第一人者が講師をつとめ、最新の調査・研究成果を存分に語ってくださいました。

本書は、その講座内容をわかりやすくコンパクトにまとめた記録集の第二弾となります。まるでゼミナール会場にいるかのような臨場感とともに、古代出雲の魅力を感じていただけたら幸いです。

島根県古代文化センター

目次

はじめに……3

【第1部】神話と出雲

■出雲神話の真実—古事記が語る古代世界—……三浦佑之……7

■古代王権と出雲—神話と儀礼の分析から—……森田喜久男……47

【第2部】出雲とヤマト

■遺跡からみた五世紀の出雲と王権……池淵俊一……73

■記紀・風土記伝承が語る出雲と葛城……古市晃……103

【第3部】出雲国風土記の世界

■風土記説話と出雲の地域社会……平石充……131

■土地の名を語る風土記—出雲にあふれる話す神、坐す神—……吉松大志……161

■読み継がれる風土記—風土記はいかに伝えられたか—……兼岡理恵……183

■本書は平成二六（二〇一四）年度に島根県が開催した連続講座の講演録です。
■本書に掲載した講座の開催場所等は以下のとおりです。
【大阪開催『古代出雲講座in大阪』主催：島根県商工労働部観光振興課／島根県古代文化センター／島根県大阪事務所　会場：大阪歴史博物館】
【東京開催『出雲神話ゼミナール』主催：島根県古代文化センター　会場：渋谷シダックスホール2・シダックスカルチャーホール】
【松江開催『出雲国風土記連続講座』主催：島根県古代文化センター　会場：松江テルサ】

【第1部】神話と出雲

出雲神話の真実
―古事記が語る古代世界―

三浦佑之先生

一、はじめに

三浦と申します。**【図1】**、おわかりですかね。私はいつもここから話を始めています。出雲にいらっしゃるのだったら、一番行っていただきたいのはこの加賀の潜戸というところでして、日本海に面した海食洞穴で、船に乗ってくぐれます。私は神など信じていないのですが、ここへ行くと本当に、ああ、神はいるなというふうに思わされるような場所、それが潜戸です。

なぜこの洞窟からまずはお話を始めるかというと、この洞窟はキサガヒヒメという女神が住んでいるとされている洞窟だからです。キサガヒヒメは、古事記の出雲神話でやけどをして死んでしまったオホナムヂを生き返らせるときに助けてくれた女神ですけれど、そんなことを含めて

図1　加賀の潜戸
（島根県松江市島根町）

まずはお話をさせていただこうかと思っています。

二、『古事記』の神話と『日本書紀』の神話

【図2】をごらんください。これは『古事記』と『日本書紀』の神話の構成対照表で、古事記の神話がAからFまでの大きな流れで物語性を持ってずっと伝えられています。イザナキ、イザナミからアマテラス、スサノヲが誕生して、スサノヲが地上におろされて、地上におりてヲロチ退治をしてクシナダヒメと結婚して子孫が繁栄する。その子孫がオホナムヂで、オホナムヂがさまざまな冒険を経てオホクニ

三浦佑之（みうら・すけゆき）**先生**

立正大学文学部教授
千葉大学名誉教授。専門は古代文学・伝承文学。『浦島太郎の文学史』（五柳書院）、『神話と歴史叙述』（若草書房）をはじめ多数の著作がある。『村落伝承論』（五柳書院）で上代文学会賞、『口語訳古事記』（文藝春秋）で角川財団学芸賞、『古事記を読みなおす』（筑摩書房）で第1回古代歴史文化賞みやざき賞を受賞。

古事記 ＊数字は原文（音訓注削除）総字数＝13948字		日本書紀 正伝	一書（段−数）	（書紀、備考）	全体注記／舞台
A イザナキとイザナミ	**21% 2919字**			巻一（一〜八段）	
1. 天地初発・オノゴロ島	233字	○	○	〔一〜四段〕	地上
2. キ・ミの島生み／神生み	1172字	○	○		地上
3. イザナミの死とイザナキの黄泉国往還	963字	×	○（五−6）		地上
4. イザナキの禊ぎと三貴子の誕生	551字	△	○（五−6）	正伝はキ・ミの結婚〔五段〕	地上
B アマテラスとスサノヲ	**14% 1909字**				
1. イザナキの統治命令とスサノヲ追放	283字	○	○（五−6）	根国への追放	高天原
2. スサノヲの昇天とアマテラスの武装	282字	○	○	〔六段〕	高天原
3. ウケヒによる子生み	602字	○	○		高天原
4. スサノヲの乱暴	185字	○	○（七−2）		高天原
5. 天の岩屋ごもりと祭儀	557字	△	○	正伝の内容は簡略〔七段〕	高天原
C スサノヲとオホナムヂ	**16% 2294字**				
1. 五穀の起源	152字	×	△（五−11）	ツクヨミによる殺害	出雲
2. スサノヲのヲロチ退治	474字	○	○	〔八段〕	出雲
3. スサノヲとクシナダヒメの結婚	142字	○	△	一書に歌謡なし	出雲
4. スサノヲの神統譜	208字	×	△（八−6）	（別名のみ）	出雲
5. オホナムヂと稲羽のシロウサギ	416字	×	×	日本書紀正伝に存在しない部分	出雲
6. オホナムヂと八十神	248字	×	×	日本書紀正伝に存在しない部分	出雲
7. オホナムヂの根の堅州国訪問	561字	×	×	日本書紀正伝に存在しない部分	出雲
8. 葦原の中つ国の統一	93字	×	×	日本書紀正伝に存在しない部分	出雲

構成対照表

D　ヤチホコと女たち	14%■1989字				
1. ヤチホコのヌナカハヒメ求婚	489字	×	×		
2. スセリビメの嫉妬と大団円	564字	×	×		
3. オホクニヌシの神統譜	317字	×	×		
4. オホクニヌシとスクナビコナ	231字	×	○	（八―6）	
5. 依り来る神―御諸山に坐す神	97字	×	○	（八―6）	
6. オホトシ（大年神）の神統譜	291字	×	×		
E　国譲りするオホクニヌシ	13%■1809字				巻二（九～十一段）
1. アマテラスの地上征服宣言	102字	△	×		明確に記さず〔九段〕
2. アメノホヒの失敗	122字	○	×		
3. アメノワカヒコの失敗	459字	○	○		
4. アジス(シ)キタカヒコネの怒り	351字	○	○	（九―1）	
5. タケミカヅチの遠征	263字	○	△		
6. コトシロヌシの服従	57字	△	×		
7. タケミナカタの州羽への逃走	209字	×	×		
8. オホクニヌシの服属と誓い	368字	△	×		簡略な描写
F　地上に降りた天つ神	22%■3028字				
1. ニニギの誕生と降臨	753字	○	○		
2. サルタビコとアメノウズメ	238字	×	○	（九―1）	
3. コノハナノサクヤビメとイハナガヒメ	291字	×	○	（九―2）	
4. コノハナノサクヤビメの火中出産	157字	○	△	（九―5）	一書五はアタカシツヒメ
5. ウミサチビコとヤマサチビコ	1142字	○	○		〔十段〕
6. トヨタマビメの出産	355字	○	○	（十―3）	詳細な一書4本あり
7. ウガヤフキアヘズの結婚	92字	○	△		〔十一段〕

⇔ 古事記神話の25%

30%

神話

「国譲り」も加えれば古事記神話の43%

国譲神話

日向

図2　『古事記』神話と『日本書紀』神話

ヌシになって、出雲に祭られる。そのオホクニヌシの別名がヤチホコ、Dのところですね。求婚の物語があったり国づくりの物語があってすばらしい世界ができた。ところがそこへEのところで突然、高天の原のアマテラスという神が地上を見て、何てすてきな国だ、これは自分の息子が支配したほうがいいと突然言い出しまして、地上へ自分の子孫をおろそうとする。ところが、騒がしいんで遠征軍を派遣しまして、最初はちょっと懐柔工作をするんですが失敗します。最後は武力闘争をしまして、タケミカヅチという刀剣の神様がおりてきて、オホクニヌシ一族をこてんぱんにやっつけます。オホクニヌシは、じゃあもう引っ込みますと言って降参して、そこへ高天の原からアマテラスの子孫がおりてきて、地上を支配することになって、その子孫が続いて生まれたのが初代天皇カムヤマトイハレビコ（神倭伊波礼毘古）＝神武であるというふうに流れていく。これが古事記の流れですね。

その古事記の流れを頭に入れておいていただいて、出雲の神話のお話をさせていただきたいのですが、CとDの部分が出雲を舞台にした物語ということになります。このCとDの部分が古事記の神話全体の三割を占めている。それから、その後、国譲りも舞台は出雲ですから、出雲を舞台にしているといえばEの部分も含める。そして、結局はやっつけられてしまうわけですけれども、そこを含めると四割以上が出雲を舞台にして物語は展開するということですね。

この部分に関して、同じ歴史書、国家・天皇家・大和朝廷がつくった正史である日本書紀を見ますと、CとDの部分のほとんどが記述されていない。皆さんがよくご存じの、例えば稲羽のシロウサギのお話とか、根の国へ行って冒険したとか、それからヤチホコの神様の滑稽な歌物語とか、そういう物語的な性格を持った部分は、日本書紀では全く記さず、古事記だけに記している。なぜこんなことが起こってくるのか。

単純に言ってしまうと、日本書紀はこのCやDの部分、古事記が一生懸命語っている出雲にいかにすばらしい世界ができたかということを書きたくなかった、無視したかったのではないでしょうか。つまり、自分たちが支配する以前に、地上にはすばらしい国があったというふうなことは言いたくない、自分たちが最初の開拓者であるというふうに語っていくと、日本書紀のように語れば済んでしまう。ところが、古事記はそうではなくて、何だか敗れていくオホクニヌシに対して極めて同情的なように読める物語をここで語っていきます。これはなぜなのか。

一般的な解釈では、古事記と日本書紀は同じ書物だというふうに考えられていて、

「記紀」などという呼び方がされるのですが、内容を見ていくと全く別の書物であります。そして、古事記というのはどうも敗れた側の出雲を語りたいのではないかと思えてくるのです。そして、そのように読んでみると、この書物の性格がわかってくるのではないかと思われるわけです。

三、日本神話の構造

まず日本神話の基本的な構造からお話しします。古事記の神話は大きく分けると三層構造になっています【図3】。垂直的な世界観でいうと、高天の原という天の世界があって、そしてこの国、葦原中

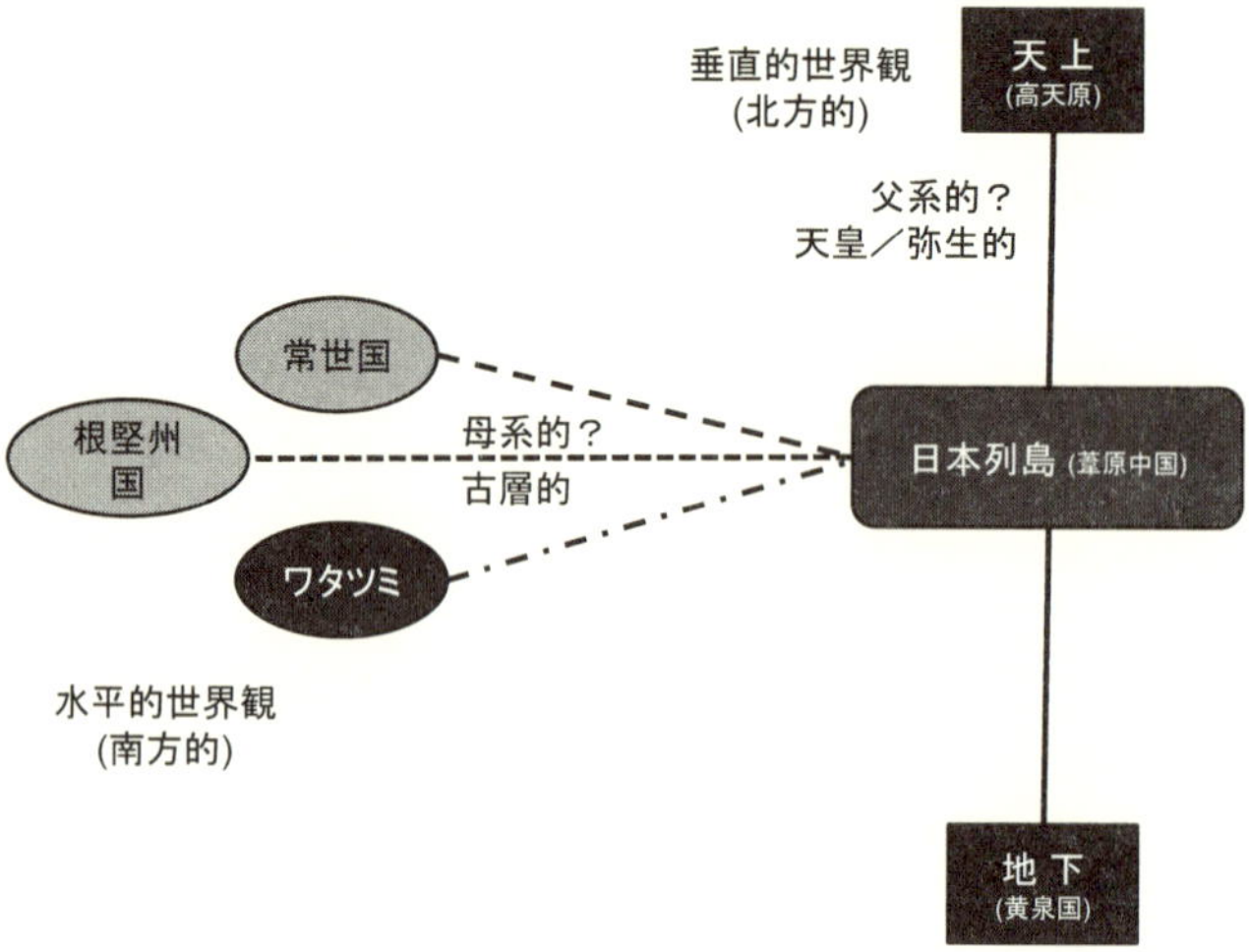

図３　神話世界の三層構造

つ国と呼ばれる地上世界がある。ここはクニツカミという土着の神々が住んでいる世界であるとともに、最初から人間が住んでいる世界です。そして黄泉の国という死者の行く死の世界がある。天と地上と地下という三層構造になっています。

それから、もう一つ水平的な世界観というのがあります。海神とか根の堅州国とか常世の国とか、そのような世界というのは多くの場合は水平的な世界観の中で見出されます。日本神話は垂直的な三層の世界観と、そのような水平的な、海のかなたに神々の世界があるという世界観が組み合わされてできています。

そして、この垂直的な世界観は北方的な、朝鮮半島経由の新しい神話とつながっているだろうと考えられています。それに対して、水平的な世界観のほうはもっと古い、どうも海のかなたを神の世界とする認識といったものがあって、それは南のほうにつながっている可能性が強いという見通しを、今までの比較神話研究などを参考にすると言えるのです。これについては最後にまた詳しくお話しします。

四、カムムスヒの性格

さて古事記の最初の部分にカムムスヒという神様が出てきます。「天地初めて発けし時、高天の原に成れる神の名は、天之御中主の神。次に高御産巣日《たかみむすひ》の神。次に神産巣日《かむむすひ》の神。此の三柱の神は、並《とも》に独り神とし成り坐して、身を隠しましき」。つまり天と地が初めてあらわれて、高天の原という世界に天之御中主とタカミムスヒ、カムムスヒという三柱の神があらわれたんだというわけです。

ところが、この天之御中主という神は、一番最初に出てきて真ん中にいる立派な神様みたいに見えるのですが、この後古事記には全く登場しません。ここに出てくるだけで、余り実態はなさそうです。結局タカミムスヒとカムムスヒという二柱の神様があらわれたということになります。

しかも、この名前は「ムスヒ」というところが要でありまして、「ムス」はものを生

【資料二】『出雲国風土記』のカムムスヒ

① 加賀の郷（略）佐田の大神、生れまししなり。御祖（みおや）神魂（かむむすひ）の命の御子、支佐加比売（きさかひめ）の命、「闇き岩屋なるかも」と詔りたまひて、金弓もて射給ふ時に、光かかやきぬ。故、加加と云ふ。（嶋根郡）

② 生馬の郷（略）神魂の命の御子、八尋鉾長依日子（やひろほこながよりひこ）の命、詔りたまひしく、

「吾が御子、平明《やすら》けくして憤《いく》まず」と。故、生馬といふ。（嶋根郡）

③　法吉の郷　（略）神魂の命の御子、宇武加比売の命、法吉鳥《ほほきどり》と化りて飛び度り、ここに静まり坐しき。故、法吉といふ。（嶋根郡）

④　加賀の神埼　すなはち窟あり。（略）謂はゆる佐太の大神の産生《あ》れませる処なり。産生れまさむ時に臨みて、弓箭《ゆみや》亡せましき。その時、御祖神魂の命の御子、枳佐加比売《きさかひめ》の命、願ぎたまひしく、「吾が御子、麻須羅神《ますらがみ》の御子にまさば、亡せし弓箭出で来《こ》」と。（以下、略）（嶋根郡）

⑤　楯縫と号くる所以は、神魂の命詔りたまひしく、「五十《いそ》足る天の日栖《ひすみ》の宮の縦横の御量《みはかり》、千尋の栲縄持ちて、百八十《ももやそ》結びに結び下げて、この天の御量持ちて、天の下造らしし大神の宮造り奉れ」と詔りたまひて、御子天の御鳥の命を楯部として天下し給ひき。（以下、略）（楯縫郡）

⑥　漆治《しっち》の郷　（略）神魂の命の御子、天津枳比佐可美高日子《あまつきひさかみたかひこ》の命の御名を、また、薦枕志都治値《こもまくらしつちち》と云ふ。この神、郷の中に坐す。故、志丑沼《しっち》といふ。（出雲郡）

⑦　宇賀の郷　（略）天の下造らしし大神の命、神魂の命の御子、綾門日女《あやとひめ》の命を誂《つまど》ひましき。その時、女神、肯はずて逃げ隠りましし時に、大神伺ひ求ぎ給ひし所、これすなはちこの郷なり。故、宇賀と云ふ。（出雲郡）

⑧　朝山の郷　（略）神魂の命の御子、真玉着《またまつく》玉の邑《むら》日女の命坐しき。その時、天の下造らしし大神大穴持の命、娶《あ》ひ給ひて、朝毎に通ひましき。故、朝山と云ふ。（神門郡）

み出すという意味です。「ヒ」というのは霊力をあらわし、「ムスヒ」でものを生み出す力、生産力を持つ神をあらわす呼び名です。「カム」とか「タカ・ミ」は褒め言葉ですね。ですからこの神の一番の能力はものをつくり出す、生み出す神なんだと思います。

その性格を非常に強く持っているのがカムムスヒです。タカミムスヒは、どちらかというともっと政治的・国家的な性格を持った神で、アマテラスといつもくっついて出てきます。それに対してカムムスヒは、母神的・親神的な性格を非常に強く持っていて、しかも出雲の神としか結びついていかない。この二柱の神様が対のような形で並んでいますが、本来どうも別個

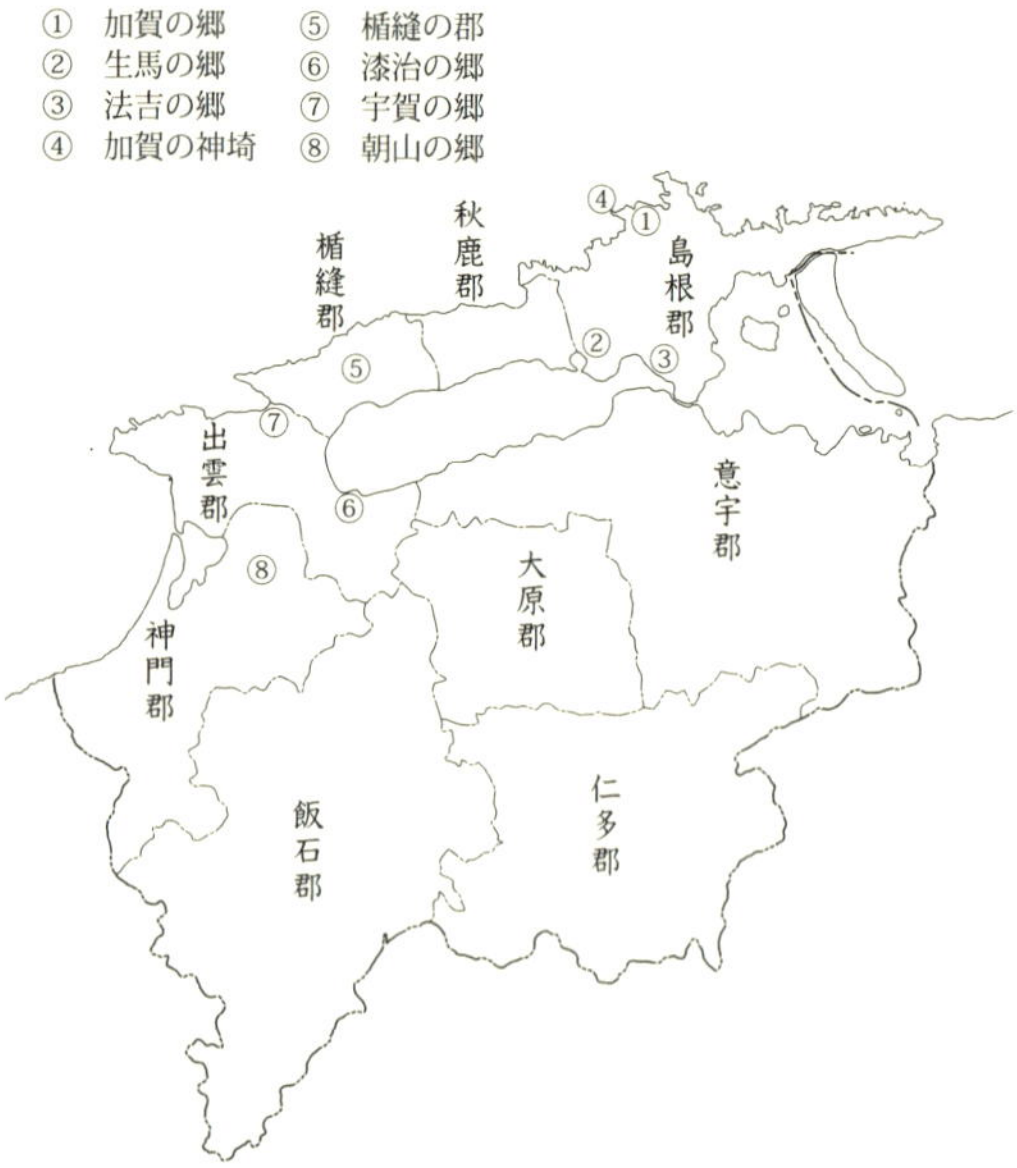

図4 『出雲国風土記』におけるカムムスヒ関連神話の分布

の神だったらしい。

【資料二】は『出雲国風土記』に登場するカムムスヒの記事です。風土記では神の魂と書いてカムムスヒと読ませています。古事記などとは表記が違うのですけれども、何度か登場します。例えば②を見ていくと、生馬の郷が出てくるのですけれども、カムムスヒの神の息子が住んでいる、ここだ、とある。

そして**【図4】**は**【資料一】**の①から⑧までの神が分布する場所を出雲国の地図に落としたものです。このように、海辺の島根半島の沿岸部にどうもこの神はかかわっているらしいと想定できます。そして、この神様の一番大きな伝承は、最初に写真を見ていただきました加賀の潜戸という洞窟に伝えられています。④加賀の神埼の略した部分をお話ししますと、「亡くなった弓箭出て来い」と言っていると、まず石の弓矢が流れてきた。そんなの違うと言ったら、今度は金の弓矢が流れてきた。それで「暗き窟なるかも」と言って洞窟を射抜いた。そうしたら洞窟が貫通し、輝いた。だから加賀と言うのだ、という神話がこの④には語られています。

つまり、カムムスヒという神様の娘で、古事記にもアカガイの女神として出てくるキサガヒヒメという女神が住んでいて、誰かわからないけれど神と結婚して子供が生まれて、生まれた子供が佐太の大神という神になったんだと語られています。この神話では父親の名前も出てこないのですけど、父親なんてどうでもいいわけで、お母さんが子供を生めばいい。もうこれは完全な母系的な社会の基本的な形だと考えられます。出雲のカムムスヒ系の神というのは、かなり強い母系制をとっている、とわかるわけです。

五、スサノヲ神話

【図2】をもう一度ごらんください。CからEの部分にかけて出雲にかかわる物語がずっと語られています。その発端は、高天の原というところで乱暴狼藉をはたらいたスサノヲが、神々みんなに追い出されて、高天の原から地上におりてくること。そのおりてくる途中、オホゲツヒメという女神を殺してしまうのですが、そこで大事なのは種を手に入れて地上におりてくるという点で、ヲロチ退治神話につながっていくのですけれども、こんなふうに語られます。

高天《たかま》の原からも逐《や》らわれたスサノヲは、さまよう道中《みちなか》で、食べ物をオホゲツヒメに乞うた。すると、オホゲツヒメは、鼻や口、また尻からも、くさぐさのおいしい食べ物を取り出し、いろいろに作り調えてもてなしたが、その時に、そのしわざを覗いて見ておったハヤスサノヲは、わざと穢《けが》して作っておるのだと思うて、すぐさま、オホゲツヒメを斬り殺してしもうた。すると、殺されたオホゲツヒメの身につぎつぎにものが生まれてきて、頭《かしら》には蚕が生まれ、二つの目には稲の種が生まれ、二つの耳には粟が生まれ、鼻には小豆が生まれ、陰《ほと》には麦が生まれ、尻には大豆《まめ》が生まれた。そのさまを見ておったのが、高天の原に坐すカムムスヒ母神で、これをスサノヲに取らせて、もろもろの実のなる草の種と成し、あらためてスサノヲに授けられた。

（『口語訳古事記』文藝春秋　より）

スサノヲはオホゲツヒメが食べ物を出す姿をのぞき見して、びっくりして怒って切り殺した。そうしたら、そこから種が出てきた、という部分にまず注目してほしいのです。しかもその種はそのままではなくて、カムムスヒがスサノヲに命じてその種を持って来させて、その種を浄化して改めてきれいな種にしてスサノヲに託した、というふうに読まないといけない。つまりスサノヲは、オホゲツヒメを殺すことによって血塗られた、汚れた種を手に入れた。その汚れた種をきれいに浄化してくれるのがカムムスヒである。

そしてカムムスヒがきれいにした種をスサノヲは持って地上におりるのだ、と。

そういうふうに人類が初めて手に入れた種っていうのは汚れたものだったのだという認識は、農耕神話の中にはかなり強くあるんですね。殺される女神という神話がインドネシアなんかにずっと伝わっているのですが、そういう神話の中にあらわれてくるのは、人類が栽培を始めるのは初めての自然破壊、自然殺しである。自然を壊すことによって初めて田んぼをつくって稲を生産できる。そこには、後ろめたさを当然抱え込んでしまう。そうした認識が神話の背景にあるのではないかと考えてみると一つの説明がつきます。だから、汚れたものをきれいにしなきゃいけない。その種を持ってスサノヲは地上におりてくるのだ、というところがこの神話のミソなのです。

その次のヲロチ退治神話は、皆さんよくご存じでしょう。要するにヲロチ退治神話は、スサノヲという神がおりてきたら、アシナヅチ、テナヅチというじいさんとばあさんがいて、クシナダヒメというきれいな女の子を間に挟んで泣いていた。なぜかと言うと、毎年毎年恐ろしいやつがやってきて、娘一人ずつ食っちゃうんだ。今度はとうとう最後の娘が食われそうになっているから泣いているんだ、と言う。じゃあそいつはどんなやつかと聞くと、頭が八つ、尻尾が八つ、それから胴体はひげやら杉やらヒノキやらコケやらがいっぱい生えて、谷を八つ、峰を八つも渡るような大きな姿をしていて、おなかはいつも切れて血がだらだら垂れている、と説明するわけですね。そうしたらスサノヲが、じゃあ俺がそいつやっつけちゃうから、そのクシナダヒメ、俺にくれるか、と言うわけです。じいさん、ばあさんは、そんな誰かわからない人に娘やれないと言うんですけど、そうしたら、俺はアマテラスの弟である。だから天からおりてきたすごい神なんだと言うわけです。そうしたら、じいさん、ばあさんは、そんな畏れ多い方なら喜んで娘を差し上げますと言って娘をやることにしてヲロチを退治してもらうことになった。それで、お酒をつくらせて酔っぱらわせたところを切り殺したというのがヲロチ神話のあらすじですね。

それを簡単に図示して説明します【図5】。スサノヲは高天の原という世界からおりてきて、しかも人間と同じ姿をしている。それに対してヲロチはたくさんの頭とたくさんの尻尾を持っている異形なるやつ。そしてその所在地は、スサノヲは高天の原であり、ヲロチは高志《こし》のヤマタノヲロチと呼ばれていて、高志からやってきたと語られています。出雲にとって高志は対立的な関係の中でいつも野蛮な世界だと考えられているのです。

しかもヲロチは知恵がない。つまり、初めて酒を飲んだから彼は酔っぱらったわけでそれで殺されてしまう。そういうことを知らずに酒を飲んでしまうというのは無知である。そして、酒を飲ませて殺すというのは知恵があるからだということになります。まさにスサノヲは文化を象徴していて、ヲロチは無知と自然を象徴している。そういう関係の中で、どちらも異界からやってきた。

　アシナヅチとテナヅチは最初はヲロチと契約関係を結んでいました。だから、毎年毎年娘を一人ずつやることによって自然の恵み、ヲロチは川の神だと考えればいいので、川の恵みをもらっていた。もう完全

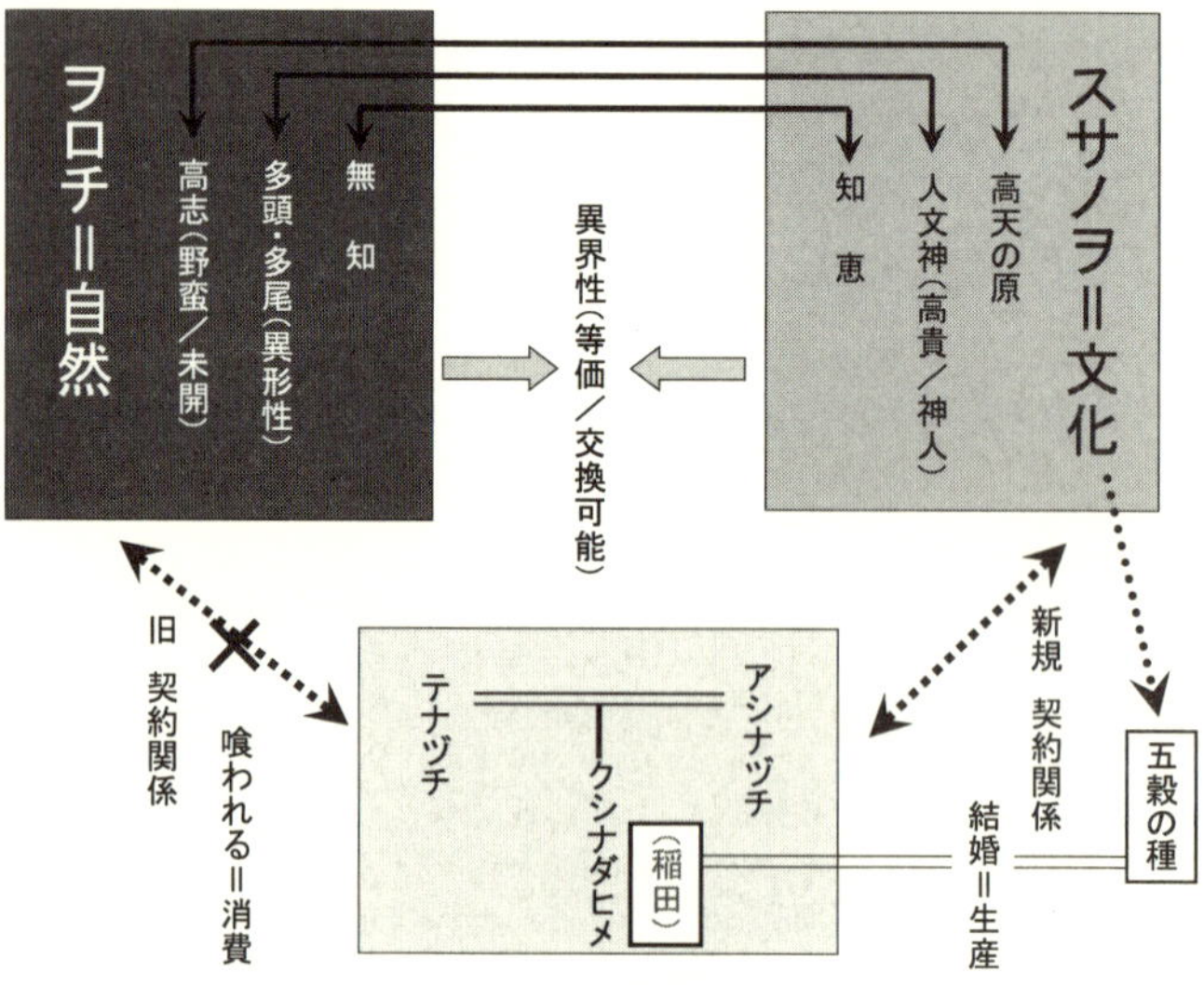

図５　ヲロチ退治神話の構造

に契約関係があります。だけどこの契約は古い契約で、食うか食われるか。必ず食われる、消費という痛みを持っています。ところが、スサノヲは俺にくれと言ったのですけど、食べるためではなく、結婚のためだとある。何が違うかと言えば、結婚は生産、子供を産むことを伴っている。だから子孫が繁栄する新しい契約関係のほうがいいとアシナヅチ・テナヅチは考えた。そしてそのときに大事なのは、スサノヲは種を持ってきたということです。さらにクシナダヒメの名前はクシイナダヒメ＝霊妙なる稲田の女神、つまり田んぼの女神と種とが結婚するのです。それがこの神話の一番のポイントです。ですから、このヲロチ退治神話は単なる冒険物語というだけではなく、ヲロチ退治によって稲作という新しい文化を手に入れることが象徴化されています。これは稲作文化の起源神話なのです。

そして、この結婚によって子孫が繁栄します。その繁栄していった子孫の六代後に誕生してくるのがオホクニヌシという神なのです。オホクニヌシ、またの名はオホナムヂ、アシハラシコヲ、それからウツシクニタマ、ヤチホコという、別名をいくつも持った神が誕生し、その物語がその後ずっと語られていくのです。

六、稲羽のシロウサギ神話

オホクニヌシの物語は簡単に言えば、オホナムヂという少年がいろんな苦難を経て、立派な王になるという非常にわかりやすい成長物語です。生まれてから死ぬ、というか引っ込むまでの一代記がずっと語られるのは、この神しかいません。その一番最初に出てくるのが稲羽のシロウサギという神話ですね。

その中で、兄たちにだまされて塩水浴びてひどい目に遭ったウサギを、オホナムヂが救う場面にはこうあります。

オホナムヂは、その赤裸のウサギに教え告げて、「今すぐ、この河の川尻《かわじり》に行き、真水《まみず》でお前の体をよく洗い、すぐさま、その水辺に生えている蒲《がま》の穂を取り、その穂を敷き散らして、その上にお前の身を転がし横たわっていれば、お前の体は元の膚《はだ》のごとくに治るだろう」と、こう言うた。そこで教えのとおりにしたところが、ウサギの体はもとどおりに白い毛におおわれた。これが、あの稲羽のシロウサギ。今に至るも、ウサギ神と言う。そういうことがあって、そのウサギ神はオホナムヂに、「あの八十の神がみは、きっとヤガミヒメを手に入れることはできないでしょう。袋を担いではいらっしゃるが、あなた様こそ、ヤガミヒメを妻になさることができるでしょう」と、お告げ神のごとくに申し上げた。さて、妻問いを受けたヤガミヒメは、ウサギ神がオホナムヂに告げたとおりに、八十の神々に言うた。「わたくしめは、あなたがたのお言葉をお受けすることはできません。オホナムヂ様のもとに嫁ぎたいと思います」と。

（『口語訳古事記』文藝春秋より）

一番卑しく一番年下のオホナムヂがヤガミヒメという因幡の国の女神を手に入れた物語です。女神を手に入れることによって成長し、その土地を自分のものにする物語だと考えてくだされぱいいのです。

ここで単にこの話は意地悪な兄と優しい弟の物語ではないということが大事なことです。オオナムヂは、ウサギを治療する力を持っている。蒲の穂は古代から血どめの薬として使われている薬草です。そういう薬草の知識を持っていることによって、オホナムヂはウサギを助けることができる。それがシャーマンの、あるいは王の力なんだと。医療技術を持ったシャーマン（巫医）であることが王の資格を持っていることになるとい

図６　稲羽のシロウサギ神話の構造

うのが、未開社会の基本的な認識です。

さらにこの神話を神話学的に分析してみます【図６】。まずウサギとワニという物語がありますが、この両者の話は、マレー半島とかインドネシアなど南方の島々に類型が幾つもある話だというのはよく知られていて、そこではウサギのかわりが子ジカとなっています。そして、海のものと陸のものとが知恵比べをするという物語では、必ず陸の者が勝つのがお決まりです。

この物語には、そういう民間伝承としての動物競争譚《たん》に、メディカルシャーマンとしての力を持つ人間の姿をしたオホナムチという神様の英雄話がかぶさってきます。主人公はオホナムチ。そして、オホナムヂは兄たちと対立関係にある。その兄たちとの対立関係のある中でウサギを助けてやる。そうすると、ウサギは実はただのウサギではなくて託宣神であったとされる。逆に言えば、オホナムヂはウサギに試されている。兄たちもウサギに試された。そして、結局その試験にオホナムヂは合格したということになります。だからこそ、彼は、あなたがヤガミヒメを手に入れるでしょうという託宣を得ることができる。そういう神話になっているのです。

七、オホナムヂを救う母の乳汁

さて鳥取県の大山の西側に手間山と呼ばれる山があって、そこで次の神話が語られています。せっかくヤガミヒメ求婚に行ったのにオホナムヂにとられてしまい、怒った兄たちは何とかしてオホナムヂを殺してしまおうとします。

伯耆《ははき》の国の手間《てま》の山のふもとにオホナムヂを連れて行き、「赤いイノシシがこの山にいる。そこで、おれたちが皆で山の上から追い下ろすから、おのれは下で待っていて捕まえろ。もし、待ち獲《と》ることができなかったならば、きっとおのれを殺してしまうぞ」と言い置いて、火でもって、イノシシの姿に似せた大きな岩を真っ赤になるまで焼いて、それを山の上から転がし落とした。そこで、言われたとおりに、追い下ろされた赤いイノシシを待ち獲ると、そのまま、焼けた岩に押しつぶされて、オホナムヂは死んでしもうた。そのことを伝え聞いたオホナムヂの母神は殺されたわが子を見て哭き悲しんで、すぐさま高天の原に飛び昇って行って、カムムスヒにお願いした。すると、カムムスヒはすぐにキサガヒヒメとウムギヒメとを遣わして、オホナムヂを作り生かさせてくれた。いかに作り生かしたかというと、キサガヒヒメが、焼けた岩にへばり付くごとくに死んでおったオホナムヂの骸《むくろ》を、貝の殻でもって少しずつ岩から剥がし、ウムギヒメが、それを待ち受けて、母神の乳《ち》の汁に薬をまぜ合わせ、ひどく焼けただれたオホナムヂの体にくまなく塗った。すると、まもなくオホナムヂはうるわしい男にもどって生き返って、元のとおりに出歩いて遊びまわった。

（『口語訳古事記』文藝春秋　より）

英雄というのはこうやってしょっちゅう死んでしょっちゅう生き返る。英雄神話にはこういう死と再生というのがつきものなんですけれども、これは母神とカムムスヒの遣わしてくれた女神たちによって助けられたという神話です。

どういう神話かこれも構造的に説明します【図7】。キサガヒヒメは、さっき言いましたようにアカガイの女神ですが、古代の人たちは溝が入っていてぎざぎざになっている殻の形からキサガイと言います。それから、ウムギヒメはのウムギはハマグリのことですね。ハマグリは汁が命です。

オオナムヂは一旦死にます。そして、母神が息子を助けようとして、カムムスヒにお願いをする。なぜカムムスヒにお願いするかというと、さきほど言ったように、カムムスヒは出雲の守り神のよ

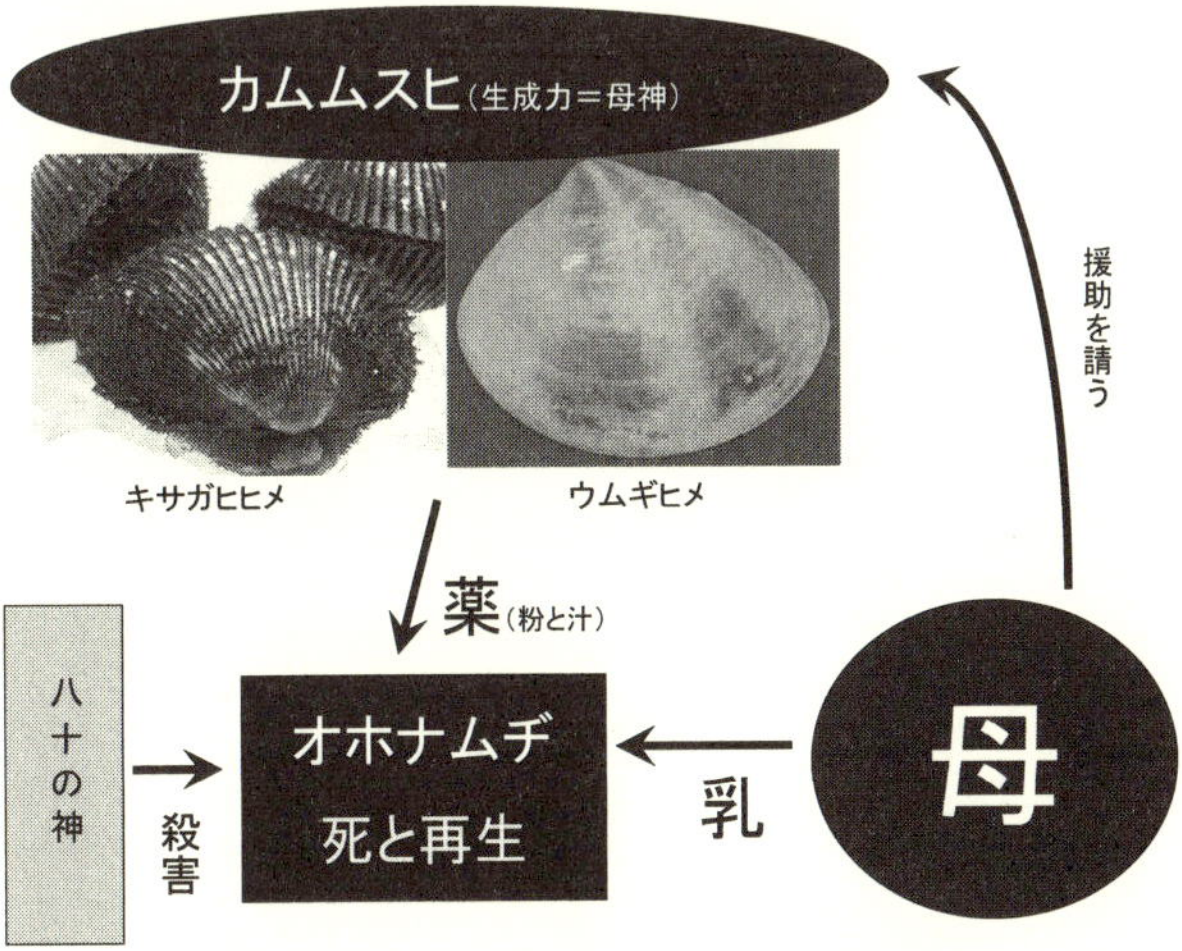

図７　オオナムヂの死と再生の神話の構造

うな神だからです。この神がなぜ高天の原にいるのか、私は前から疑問に思っていまして、しかも、キサガヒヒメとウムギヒメという貝の女神を天からおろしてくれる。普通はちょっと考えられない。これはやっぱり海とかかわっていると考えるべきだと思います。【図4】で見たように、島根半島の沿岸部を中心にこの神の息子や娘たちは活動している。どうしても海のかなたにカムムスヒはいると考えないとつじつまが合わないと思われます。

古事記では娘とは語られていませんけれども、出雲国風土記ではキサガヒヒメはカムムスヒの娘であると語られています。ここでも娘と考えていいと思うのです。母と娘で、母系的な性格も強い。そして、彼女たちがおりてきて薬をつくり、けがの治療をする。そのとき、お母さんのおっぱいも一緒に。これを古代では「乳《ち》」と言うのですけれども、お母さんの特徴というのは白い乳《ち》が出ることで、そこにお母さんの力といったものが象徴化されている、というのがいろんな神話を読んでいくと出てきます。お母さんのおっぱいは二つしかなくて、子供にくわえさせて育てるわけですから、子供に流れ込んでるんだという確かさというものは非常に強く認識されます。

貝の殻のカルシウムとハマグリの汁と、お母さんのおっぱいによってつくられたやけどの薬でオホナムヂは再生していくという神話になっている。そのときカムムスヒがオホナムヂの再生に大きな力を果たしているんだということがこの神話の眼目でもあると考えられます。

八、オホナムヂの根の堅州の国訪問

それから、母神はもう心配になって、ここに置いておいたら最後は死んでしまうだろうから、木の国のオホヤビコのところへ行ってかくまってもらえと言うんですね。それで木の国へ逃げる。そして、そこから木の国のオホヤビコの教えによって根の堅州の国という世界へ出かけていくという物語が続いていきます。

根の国へ逃げて、そして根の国でさまざまな試練を受けて地上に戻ってきてオホクニヌシになるという物語。そのあらすじをお話ししますと、根の国に出かけていくと、実はそこは自分の先祖であるスサノヲがいる世界。つまり根の堅州の国とは出雲の神々の母なる世界のようなところではないか。ひょっとしたらカムムスヒもここにいるんじゃないかと私なんかは思ったりもするのです。

スサノヲにはスセリビメというきれいな娘がいて、出会った途端に二人は一目惚れして結婚して結ばれてしまった。そうしたら父親のスサノヲが怒って、オホナムヂにさまざまな試練を課す。蛇がいっぱいいる部屋に寝かせたり、ムカデや蜂がいる部屋に寝かせたり、それから野原に矢を打って拾ってこいと言って、拾いに行った途端、周りから火をつけて焼き殺そうとする。そうするとネズミが洞穴になってますよと言って助けてくれて無事に出てくる。そうしたらやっとスサノヲも心を許して、家の中へ召し入れて、自分の頭のシラミを取らせようとする。シラミを取ろうと頭を見ると、大きなムカデがうじゃうじゃ這っている。困っていたらスセリビメが、ムクの実と赤土を渡してくれる。それをもらって何だろうと思って考えて、ムクの実と赤土を一緒に噛んでぺっと吐き出す。そうするとムカデを噛んで吐き出しているんだとスサノヲは思ってしまうんですね。それで安心して寝てしまう。寝込んだすきにスサノヲの髪の毛をあちこちの柱や垂木に結びつけて、スセリビメと、スサノヲの宝物である弓矢と、それから天の詔琴《のりごと》を持って逃げ出す。ところが家の戸口にあった木に琴がぼろんと触れて、大男のスサノヲが飛び起きる。そうすると髪の毛が結ばれているんで屋敷がばらばらに倒れてくる。髪の毛をスサノヲがほどいてる間にとっとことっとこ逃げて、地上との境目まで逃げていく。その地上との境目は、黄泉つ平坂と呼ばれる黄泉の国への通路でもあるのですが、そこまで逃げたときにスサノヲが祝福の言葉を遠くから叫ぶのです。

その、お前の持っている生太刀《いくたち》と生弓矢《いくゆみや》とをもって、そなたの腹違いの兄どもや弟どもを、坂の尾根まで追いつめ、また、河の瀬までも追い払い、おのれが葦原の中つ国を統《す》べ治めてオホクニヌシとなり、またウツシクニタマとなりて、そこにいるわが娘スセリビメを正妻《むかひめ》として、宇迦《うか》の山のふもとに、土深く掘りさげて底の磐《いわ》根《ね》に届くまで宮柱を太々《ふとぶと》と突き立て、高天の原に届くまでに屋の上のヒギを高々と聳《そび》やかして住まうのだ、この奴《やっこ》め。

そこで、オホナムヂはその太刀と生弓矢とをもって、八十《やそ》の神がみを追い払い遠ざけ、坂の尾根ごとに追いつめ、河の瀬ごとに追い払《はろ》うて、葦原の中つ国を統べ治め、はじめて国をつくりたもうた。

（『口語訳古事記』文藝春秋　より）

これが地上に国ができた始まりなんだ、と。そして、そのときにスサノヲに約束されて建てた社が出雲の社である。オホナムヂはオホクニヌシと名前を変えるのですが、オホクニヌシもスサノヲに与えられた名前だということになっているわけです。

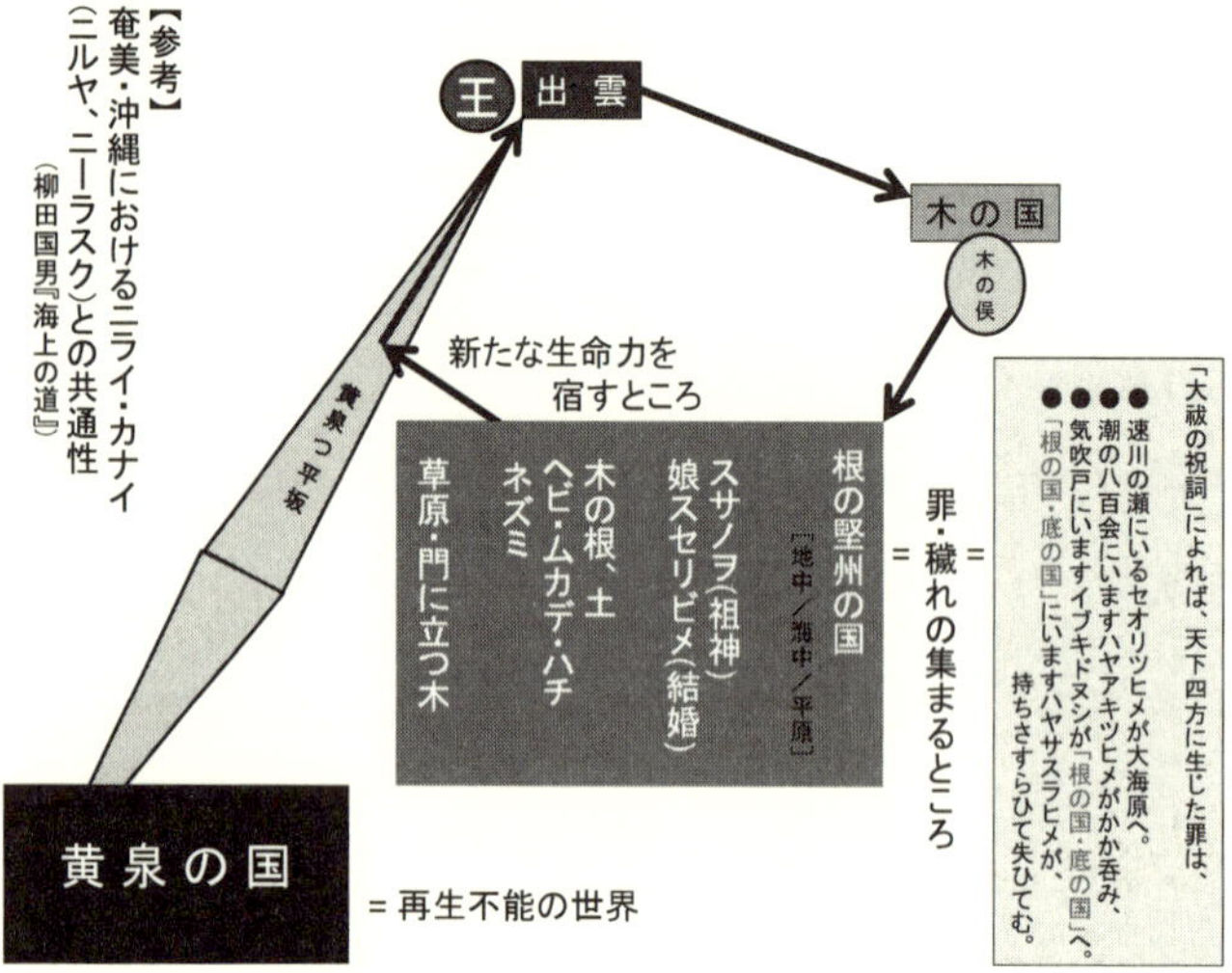

図8　根の堅州の国訪問神話の構造

この神話も構造的に説明すれば【図8】、出雲からオホナムヂという少年が木の国へ逃げて、木の国から木の根っこを通って、根の堅州の国へ行った。根の堅州の国は、地面の中というよりも野原があったり木々が生えていたり、明るい草原みたいな感じがあって、沖縄のニライ・カナイという世界と大変似てるなと思うんです。ニライ・カナイというのは海のかなたの島のような世界で、この根の堅州国もそういう海のかなたの母なる世界、そういうイメージがここにはあるのです。

その根の国へ行ってスサノヲに試練を受けて、スセリビメが援助してくれる。さっきまではお母さんが助けてくれたのですが、今度はもう彼は成長してきて、恋人が助けてくれるという形になるんですね。彼は宝物と妻を持って地上に戻って兄をやっつけてオホクニヌシになる。そのとき、この黄泉つ平坂という境目でスサノヲから祝福されたことが一つは大事なことです。そして出雲の社はスサノヲの祝福によってオホクニヌシが建てたんだという神話が語られています。

それから、この根の国の神話の次には、オホクニヌシとなった神様がヤチホコという名前で高志の国のヌナカハヒメという女神に求婚に行く物語が長い歌で語られています。ヌナカハというのは地名でして、現在の新潟県糸魚川あたりがヌナカハと呼ばれる場所です。「ぬ」は石、「な」は格助詞の「の」、川で、ヌナカハヒメは石の川の女神という名前なんです、石というのはヒスイ、硬玉ヒスイなんですね、それが唯一とれるのが、このヌナカハ。そのヌナカハへヤチホコが求婚に行くというのは、明らかにこれはヒスイの女神を手に入れる。もっと言えばヒスイを手に入れる、そういう物語だと言ってもかまわない。当然海を介して行くので、出雲から高志へ海を介してつながっている、ということになります。

さきほどヲロチ退治のヲロチの名前は、高志のヤマタノヲロチで、高志が出てくるんだとお話しをしましたけれど、高志と出雲というのはそういう点で非常に緊密につながっている。あくまでも出雲から見れば、高志は征服すべき世界ということになりますが。

九、タケミナカタの服属

そして、オホクニヌシの国譲りの場面となるのですが、そこで、オホクニヌシをやっつけて地上を制圧しようとして、タケミカヅチという武力の神様がおりてくる。この神話を「国譲り」というやわらかな言葉で説明しますけど、本来は相当な武力闘争があって、出雲が大和にやっつけられたのだろうと考えるのが当たっていると思います。そのとき、最後の戦いに敗れていくのがオホクニヌシの次男、タケミナカタという神様です。

タケミナカタが、お手玉でもするがごとくに千引きの大岩を掌に乗せてやって来て、「どいつが、おれの国に来て、こそこそとかぎまわっておるのだ。どうだ、おれと力比べでもしないか。受けるならば、おれがまずお前の手を握ろうぞ」と挑んで言うた。

それで、タケミカヅチがおのれの手をタケミナカタに握らせたが、握らせたかと思うと間もなくみずからの手を立ち氷に変え、またすぐに剣の刃に変えてしもうた。いかなタケミナカタも、これではおのれの力を示すこともできずに、怖じけづいて手を引っ込めてしもうた。すると、次にタケミカヅチがタケミナカタの手をつかんで握り返したが握ったかと思うと、まるで萌え出た葦でもつかむがごとくに握り潰し、体ごと放り投げてしもうたので、さすがのタケミナカタも恐れをなして逃げ去ってしもうた。そこで、そのあとを追って、科野の国の諏訪の湖に至って追い詰めて殺そうとすると、タケミナカタは、許してくれ。どうかおれを殺さないでくれ。おれは、この土地を除いて他の国には行かぬ。また、わが父オホクニヌシの言葉に背くことはしない。また、わが兄ヤヘコトシロヌシの言葉にも背かない。この葦原の中つ国は、天つ神の御子のお言葉のままに、すべてを差し出そうと。こう言うて伏うた。

（『口語訳古事記』文藝春秋　より）

というふうにしてやっつけられてしまう。そして、オホクニヌシのところへ戻ってきたタケミカヅチがどうだと言うと、最後にこんなふうにオホクニヌシは降参します。

わが子ども、二柱の神の申し上げたとおりに、われもまた背くまい。この葦原の中つ国は、お言葉のとおりにことごとく天つ神に奉ることにいたそう。ただ、わが住処だけは、天つ神の御子が、代々に日継ぎし、お住まいになる、ひときわ高くそびえて日に輝く天の大殿のごとくに、土の底なる磐根に届くまで宮柱をしっかりと掘り据え、高天の原にも届くほどに高々と氷木を立てて治めたまえば、われは、百には満たない八十の隅の、その一つの隅に籠もり鎮まっておりましょうぞ。また、わが子ども、百八十にもあまる神たちは、ヤヘコトシロヌシが神がみの先立ちになってお仕えすれば、背く神などだれも出ますまい。

（『口語訳古事記』文藝春秋　より）

こう言って降伏する。ここでつくってくれたらと約束している神殿というのが出雲大社ということになる。ところが、さきほど見ましたように、スサノヲが立派な建物をつくって住まえと言った神殿が一つある。そして、もし私のために立派な宮殿をつくってくれたら（「治めたまえば」）、鎮まっていましょうというふうに答えるわけです。これが二度目。

だから、出雲大社はヤマト（倭）がつくったんだという言い伝えがあるのは、ここの部分を強調すると出雲大社はヤマトが、天皇がつくっているだという論理になっていく。ところが、その前から神殿はあるんだと考えれば、これはつくるんではなくて、おさめてくれたら、その社を代々祭ってくれたらということになるはずです。事実、出雲国造家は出雲大社を祭っているわけですが、その出雲国造家の先祖はアマテラスの子供とされるアメノホヒという神なわけです。そういう点で言えば、出雲国造が祭っているというこの出雲の社は、二度目に建てられた出雲の神殿ということになる。だから、最初につくられた出雲の社、オホクニヌシの住まいは、それとは別に考えなければいけない。つまり出雲の社というのは二重化されて存在しているということがわかります。ところが一方、それをうまく説明し直して、全てがヤマトの側の力によっておさめられているのだというふうに作り変えられていくのが日本書紀の神話なんです。

十、古事記神話と日本海文化圏

じつはそのタケミナカタが服属を誓った諏訪やヌナカワヒメのいた高志、それに出雲を含めた日本海側というのは、いくつかの考古学的な特徴を持っています。それは四隅突出型方墳、素環頭鉄刀《そかんとうてっとう》、巨木を立てる文化。それからヒスイをめぐる玉つくり文化が栄えています。それから日本海には海洋系の民がたくさんいて、海人系の文化が非常に発達しています。それからもう一つ、オホナムヂという、出雲神話に出てくる神様でずっと日本海側は結ばれています。そういう日本海独特の文化があり共通した神話要素があるのではないか。

　そして海の民の文化は日本海にとどまりません。九州、そしてもっと南を含めた交易圏があり、その一つの拠点として出雲が認識されるのではないでしょうか。日本海側の各地には、丸木舟でも通航できる、ラグーン・潟湖と呼ばれる入り江がたくさん点在しています。太平洋側では丸木舟は難しいけれど、こういうところを通りながら通航できるというのが日本海側の特徴になっています。

　それから神話の上でいうと、南方系の神話要素をもつものや、南方や海のかなたから神がやってくるという要素をもつ神話が古事記にはたくさんあります。それは先ほどお話しした垂直的な天から神がおりてくるという天孫降臨系の神話とは基本的に違います。おもに天皇家にかかわる、父系的で弥生的な神話がこういう垂直的な神話要素を持っています。

それに対して、稲羽のシロウサギ、根の国、またワタツミといった神話は母系的な性格を持っていて、古層的な要素が強く、水平的な世界観を持っています。どうも水平的な神話は南から入ってきている可能性が高いのです。日本列島の神話というのは、そういう北方系の神話と南方系の神話のハイブリッドとしてでき上がっています。それを選り分けていくことによって古い神話と新しい神話の区別ができるのでしょう。どちらかといえば、出雲系の神話は古い神話層を持っていると考えるべきです。

十一、日本人の起源と列島の記憶

この見方は、最近のＤＮＡ分析などの人類移動の形跡の研究と非常に見合っているのではないかと思います。人類がアフリカから出て、三万年から四万年前に日本列島には人が住み始めます。ＤＮＡの分析結果によって、南から入ってきた人と朝鮮半島経由の人と北から入ってきた人がいるだろうと、かなり確かめられています。縄文的な世界は、南方的な世界とひょっとしたら北方的な世界がまじり合ってでき上がっているのではないか。そこへ北方系の稲作を持ち、あるいは鉄を持った弥生的な人たちが日本列島へ入り込んでくる。そして列島を真ん中から東西に制圧していく。だから北海道や沖縄では古い要素が残りやすくなった。これが最近の日本人の起源の二重構造説で、アイヌのＤＮＡと沖縄のＤＮＡは比較的近い部分があるというのは、そういうことではないかと言われています。

今回取り上げた神話について言えば、非常に古いインドネシア、メラネシア、ミクロネシアあたりのいろいろな神話が、日本列島に入り込んできたらしい。そして、その中心は日本海にありました。ところが、ヤマト（倭）が日本列島を制圧してその日本海のつながりをどんどんと分断してしまって、鵜飼いのように全部自分とところを中心にして支配構図を

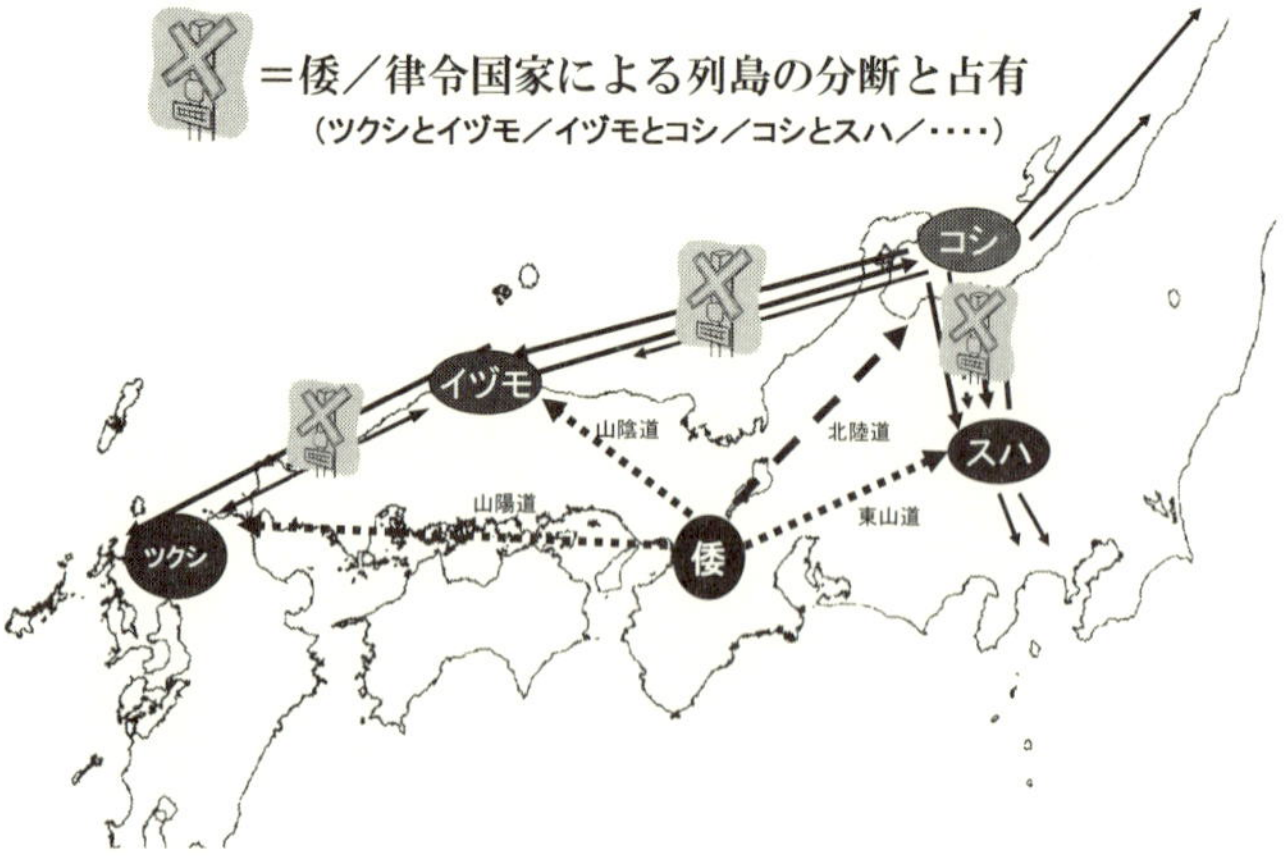

図９　分断化され律令化される日本列島

つくりかえてしまった【図9】。これが中央集権国家、天皇制の始まりです。ですから、古事記というのはそういう分断以前の日本列島の記憶を抱え込んでいるということができるのです。古事記の神話は、単に天皇家を賛美している神話ではなく、出雲の神様がやっつけられるような古い神話が物語になっていくんだ、と考えていただくと、古事記がどういう性格を持っているかというのはわかっていただけるのではないかと思います。

私の話はこれで閉じさせていただきます。

【第1部】神話と出雲

古代王権と出雲

―神話と儀礼の分析から―

森田喜久男先生

一、はじめに

皆さま、こんにちは。淑徳大学の森田と申します。

さて、皆さまは東京都江東区有明の東京ビッグサイト（東京国際展示場）の高さを御存じでしょうか。実は私さきほど、そこで講演してきたばかりなのですが、ビッグサイトの高さは六〇メートルなのだそうです。出雲大社はビッグサイトには負けますが、平安時代には高さ十六丈、四十八メートルはあったと言われていますから、相当の高さです。ちなみに、大林組の試算によれば四十八メートルの出雲大社を建てるには、総計一二六、七〇〇人の人が六年間働いて、一二一億八六〇〇万円を要するそうですから（『古代出雲大社の復元』学生社　二〇〇〇年）、大変な事業です。どうして出雲にそんなに高い建物がたったのか、本当に謎めいています。かの小泉八雲も著書『神々の国の首都』の中で「出雲はわけても神々の国である」と書いていますし、会場の皆さまは〝出雲〟について、神々の国、神話の国で、何かはっきりわからないけれどすごい世界だったのではないか、というイメージをお持ちではないでしょうか。

二、出雲王朝は存在したのか

実は、一九六〇～七〇年代までは、日本の考古学界では出雲は特殊な世界ではあるけれど、それほどすごいというイメージはありませんでした。ところが、一九八四年に荒神谷遺跡から三五八本もの銅剣が出土するという大発見がありました。翌八五年には銅矛と銅鐸も出土します。そして一九九六年には加茂岩倉遺跡から銅鐸が三九個出土しました。さらに二〇〇〇年には、出雲大社の境内から直径一・三メートルもある鎌倉時代の出雲大社の本殿の柱が三本束ねた状態で出土しました。こ

森田喜久男（もりた・きくお）**先生**

淑徳大学人文学部教授・博士（歴史学）
國學院大學文学部卒、東京都立大学大学院史学専攻博士単位取得退学。専門は日本古代史・神話学。2014年３月まで19年間、島根県職員として勤務。記・紀神話や風土記説話の分析を進め、古代出雲世界の実像を意欲的に探究する。著書に『日本古代の王権と山野河海』（吉川弘文館）、『古代王権と出雲』（同成社）ほか。

のように一九八〇年代以降、出雲で考古学上の大発見が続出しています。

その上、『古事記』の神話のうち出雲を舞台とした神話が三分の一を占めていることや、風土記がほぼ完全な形で伝わるのも出雲国が唯一であることから、古代の出雲には強大な王朝があったのではないかと、みんなどうしても考えたくなるのです。

しかし、大部分の古代史研究者の認識は、出雲に一定の政治勢力があったことは認めつつも、その勢力が日本列島全体を押さえているような、すなわち出雲王朝と呼ばれるような勢力は存在しなかったというのが大勢です。注目すべき考古学上の発見はあるけれども、それが出雲王朝の存在の証明にはならないということです。荒神谷遺跡からたくさん青銅器が出ているではないかとお思いかもしれませんが、出土した銅剣、銅矛、銅鐸は、権力者が威勢を誇示するものではなく、村での祭祀用の道具ではないかと若手の考古学研究者は思っています。

このように、考古学的な発見と神話とは直ちに結びつかないというのが多くの専門家の考えなのですが、一方で一般の方々からは、『古事記』や『日本書紀』の神話の中で、なぜ出雲が重要な位置を占めるのか、その疑問に答えていないということで、不満を漏らされます。どうすればこのギャップを埋めることができるのだろうかと、私は島根県で学芸員をしていた頃からずっと考え続けてきました。

この問題を解くためには、古代王権にとって、出雲がどのような場所であったのかを考える必要があります。なぜかというと、天皇の国土の統治の正当性を語った神話である古事記や日本書紀の神話では、日向国に高天原から天皇家の祖先が降臨しますが、その前提として、なぜか出雲での国譲り神話が語られます。つまり、国譲り神話の中で出雲がどのような場所として語られているのか。そこから出発しなければなりません。神話の内容から、即座に史実を導き出すのではなく、まずその神話が言いたいことをつかみ、そこから問題を考えていくことが大事なのです。

三、神話とは何か

さて、そもそも国譲り神話というのは、古事記や日本書紀の神話によれば、オオクニヌシ（日本書紀では一書を除いては「オオナムチ」）が高天原のアマテラスオオミカミの子に国を譲ったという神話ですが、その意味するところは出雲がヤマトに敗北した無念を語り伝えた神話だと多くの方が書かれています。しかし、国譲り神話とは本当に出雲の敗北を語った神話なのでしょうか。

そもそも神話とは、物事の始まりとか由来を神様がお決めになった事として語る物語です。科学的な知識が発達していなかった古代の人々が、身の回りで起きた出来事で常識や知識で説明できないことをどうやって理解したかというと、それは神様がそういうふうにお定めになったから、と言って納得したのです。

例えば、太陽と月はなぜ別々に出るのか、昼と夜の区別はなぜ始まったのかというと、これは太陽の神様と月の神様が喧嘩をしたからです。神話にそう書いてあるのです。

日本書紀によれば、あるとき、天上界を治めていた太陽神アマテラスオオミカミが、葦原中国という地上の世界にいる食物の神様「ウケモチの神」（保食の神）がどういう神様か様子を見てくるよう、弟の月の神様ツクヨミに命じます。ウケモチはツクヨミを歓迎してごちそうを振る舞うことにするのですが、ウケモチは国の方向に首を回して飯を口から吐き出し、海の方向に首を回して魚を口から吐き出し、山の方向に首を回して鳥獣を口から吐き出して、それを積み上げてごちそうしようとします。それを見たツクヨミは、激怒してウケモチを殺してしまうのですが、その報告をうけたアマテラスは「何とおまえは乱暴な悪い神だ、二度と会いたくない」と言ったわけです。日本書紀ではそのようなストーリー展開の後で「乃ち月夜見尊と一日一夜、隔て離れて住みたまふ

（アマテラスオオミカミとツクヨミノミコトは昼と夜と隔て離れてお住まいになることになり、ここで昼と夜と分かれ分かれになった）」と結んでいます（神代第五段一書第十一）。

この話には後日談があり、その後アマテラスはアメノクマヒトという神様をウケモチのもとに遣わすと、死んだウケモチの頭には牛と馬がいて、額の上にはアワが、眉の上には蚕、目の中にはヒエ、腹の中には稲、陰部には麦と大豆小豆が生まれていました。この報告を受けたアマテラスは「是の物は、うつしき蒼生（青人草＝人間）の食ひて活くべきものなり」、すなわちこれは、人間の食べ物であると宣言して、アワ、ヒエ、麦、豆を畑の種とし、稲を水田の種とします。さらに、アマテラスは口の中に蚕を含んで糸を引き出します。これについて日本書紀は「是より始めてこかひの道あり」と述べています。

このように日本書紀のこの部分は、昼と夜の区別の起源、穀物の起源、蚕の起源の三つの由来を語っています。このように神話とは、物事の始まりを語る物語なのです。

四、国譲り神話の再検討

このように、神話とは物事の由来を語るものであり、古事記や日本書紀は、まさに天皇の国土統治の由来を語っています。実際にあったかどうかではありません。ただし、神話を語っている者は、それを神聖な物語、真実として語ります。それが神話なのであり、人々はそれを聞いて納得していたわけです。ですから、出雲王朝の無念を、滅ぼした者への怨念を込めて語り継ぐといった物語は、神話ではありません。

では、国譲り神話に込められたメッセージとは何かということですが、改めて国譲りまでのプロセスを追ってみましょう。国譲りの前提となる「国作り」はイザナキとイザナミという男女ペアの神様の「国生み」から始まります。途中でイザナミが火の神を生んで死んでしまうことでいったん頓挫しますが、紆余曲折を経てスサノヲの五世の孫のオオクニヌシによって「国作り」は達成される。そのオオクニヌシがつくった国をアマテラスに奉り、それを受けて天孫降臨が実現する、というものです。

その国譲りの神話ですが、高天原から遣わされたタケミカヅチが、稲佐の浜に下り、そこで剣を逆さまに立てて尖った部分に座り、この国は本来、高天原の神様が治める国だと思うが、おまえはどうだと尋ねる。剣の切っ先に座って刺さらないのかと思うでしょうが、神様だから刺さりません。神話は合理的に解釈すると失敗します。

この「恫喝」は、確かに平和的とは言いかねますが、高天原の神々と葦原中国の神々とが戦ったわけではありません。タケミカヅチの恫喝に対してオオクニヌシは、まず賛成派のコトシロヌシに発言させますが、この神様は国譲りを承諾します。

次に、同じくオオクニヌシの子供で反対派のタケミナカタが登場し、タケミカヅチと力比べを行い、結局負けて諏訪まで逃げて国譲りを承諾します。

このように、子ども二人が譲ることに合意した後に、オオクニヌシはお前はどうなんだと高天原の使者に言われて、息子たち同様、私もこの国を譲りましょう、ただし、私の住む宮は天つ神の御子の宮のように立派なものにしてくださいと言って建てられたのが出雲大社ということになっています。

五、国譲り神話に込められたメッセージ

このように丁寧に古事記を読めば、戦争というより外交交渉だとわかります。タケミナカタとタケミカヅチは力比べをしますが、集団どうしで武器を持って戦うわけではあ

りません。これは決闘とか勝負ではあっても戦争ではありません。しかも、オオクニヌシは譲れと言われて慌てふためかず、最初に子どもに発言させておいて、最後におもむろに発言し一番にいいところを実は持って行くという、実にしたたかなかけ引きをやっています。

そもそも、オオクニヌシは「国作り」の過程で、実は高天原の神であるカミムスヒの助力を得ています。すなわち、まだオオナムチと呼ばれていた頃には、兄弟の神様に謀られて、イノシシだと偽って大きな焼けた石を抱きとめさせられて、瀕死の重傷を負うのです。その時、高天原のカミムスヒが遣わしたキサガイヒメとウムガイヒメという女神によって命を救われています。それから、「国作り」のパートナーであるスクナビコナという神様はカミムスヒの子供です。ですから、オオクニヌシの「国作り」は、目に見えないところで高天原の神様の助力を得ているのです。

また、日本書紀の一書の神話によると、オオクニヌシは「顕露の事」、すなわち政治など目に見える世界は天孫に譲り、「神事」（「隠れたること」とも読みます）は自分自身の掌中に置いたとあります（神代第九段一書第二）。つまりオオクニヌシは、目に見えない世界は自分が今までどおり責任を持ち、そのことで天孫を支えますと言っているわけで、一番大事なところは手放さなかったのです。その上で、ちゃんと出雲大社を建ててもらおうとしている。実にしたたかに立ち回っているわけです。

このように、国譲りの神話からは、オオクニヌシが天孫を支えることになった由来を読み取ることはできても、オオクニヌシがアマテラスに敗北したというストーリーを読み取ることはできません。とすると、国譲り神話の舞台である出雲は、ヤマト王権と戦って敗北した場所というよりも、ヤマト王権さらには律令国家成立以降の古代王権を積極的に支えた存在と考えた方がよいのです。

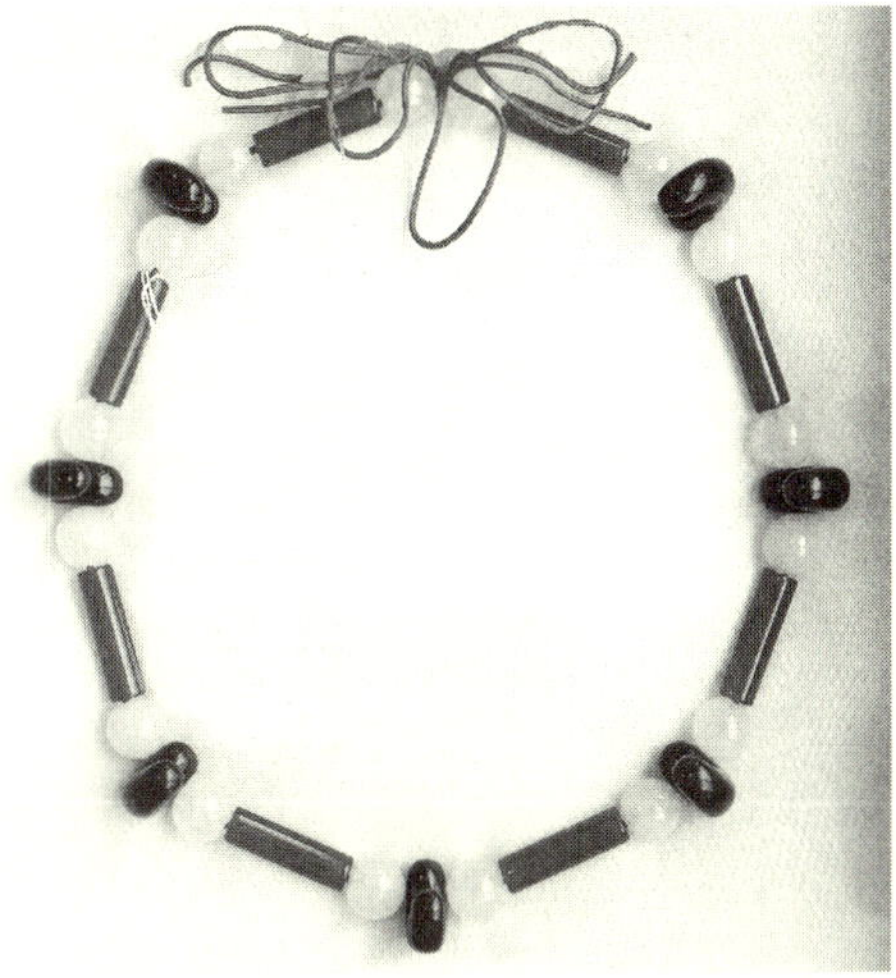

図１　宮中に献上された出雲の玉（復元）

六、出雲と玉

次に出雲が古代王権を積極的に支えた証拠を見てみましょう。出雲と古代王権を考える際に、避けて通ることができないのは玉の問題です。縄文時代から古墳時代の中ごろまでは、列島各地で玉作りが行われていますが、六世紀後半以降は、出雲に玉作りが集中します。さらに出雲国が他国とやりとりをした帳簿である「出雲国計会帳」という正倉院に伝わる史料によれば、奈良時代以降、出雲から都へ毎年のように、水精《すいしょう》が送られたことがわかります。

では毎年出雲から都に送られた玉が何に使われたかと言うと、一つは大殿祭《おおとののほがい》で使用されました。この祭祀は、毎年六月と十二月にアマテラスオオミカミと天皇が一緒に食事をするという「神今食《かみいまけ》」と十一月に行われる「新嘗祭」に併行して行われたものです。このお祭りでは宮中の殿舎の四隅の装飾に玉が使用されました。玉を飾ることによって、天皇の日常の居所である御殿の霊威を再生するお祭りだったのです。そしてそこでは忌部氏という氏族が重要な役割を果たし、天皇の治世が盤石に長く続くようにという願いがこめられているのです。

七、出雲国造神賀詞奏上儀礼

もう一つ、王権を出雲が積極的に支えた事例として、出雲国造神賀詞《かむよごと》奏上儀礼があります。これは、ヤマト王権の時代には地方官として位置づけられ、律令国家成立以降は出雲大社の宮司でもある出雲国造がその職に就任したとき、あるいは、天皇の即位や遷都など国家のおめでたいことがあったときに、出雲国造自身が上京して宮中で天皇に対して祝詞を捧げる儀礼です。

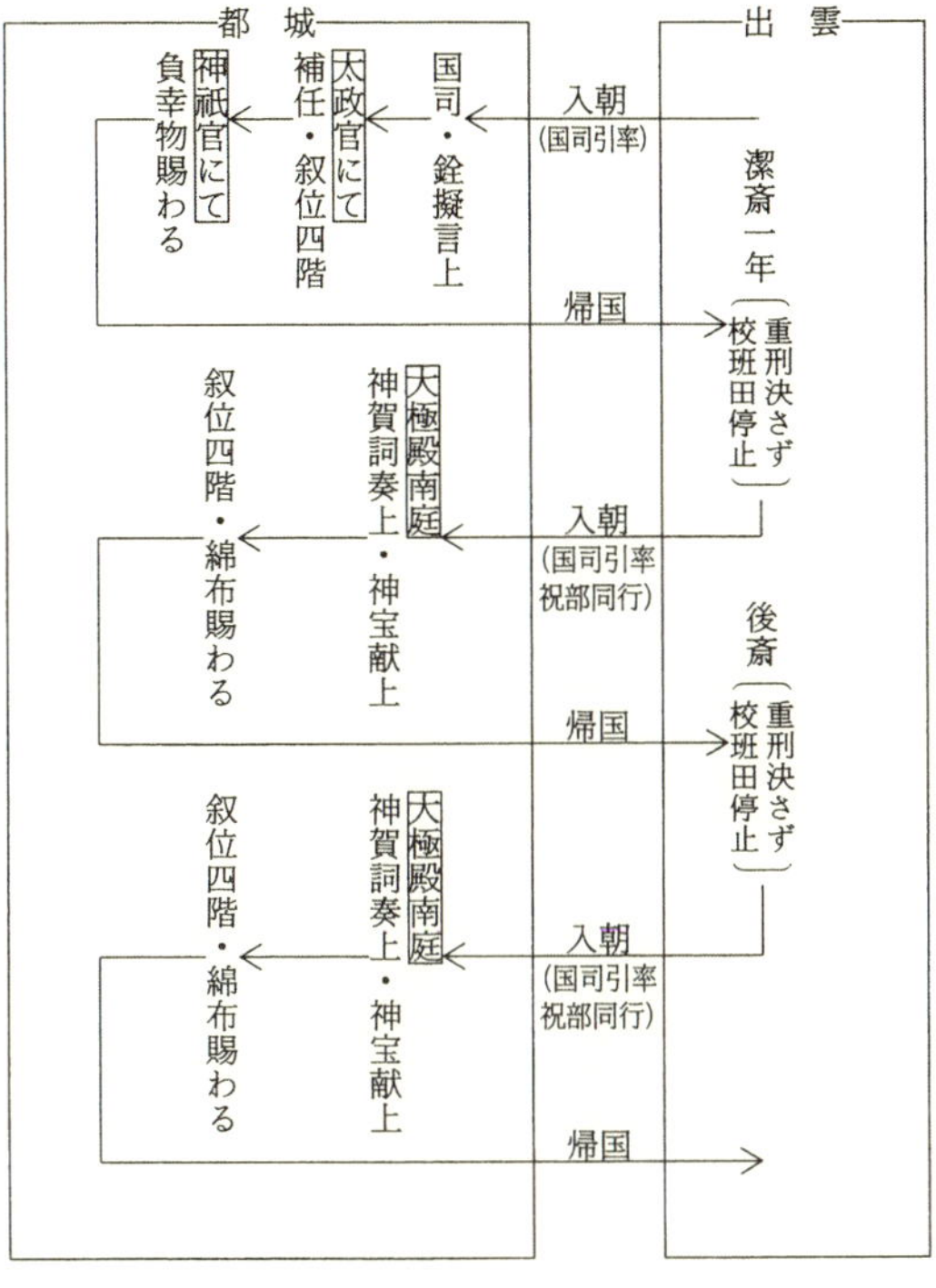

図２　出雲国造と神賀詞奏上儀礼
（森田喜久男『古代王権と出雲』同成社2014年より）

　この祝詞では、出雲国造の祖先神であるアメノホヒノミコトの活躍が述べられます。アメノホヒノミコトは古事記の神話では、国譲りの使者として遣わされたけれども復命しなかった神様として登場します。しかし出雲国造神賀詞では、国譲りの場面で活躍して立派に任務を果たしたと書かれています。

つまり、アメノホヒノミコトは豊葦原瑞穂の国が騒がしい状態だから、自分がまず行って鎮めてきますと高天原から降りて行き、荒ぶる神やオオナムチを「こび静め」、立派に任務を果たしたことになっています。「こび静める」とは、ごますりの「媚び」ではなく、心から恋い慕って静めるという意味です（水林彪「出雲国造の祖先神が国譲り神話の中で果した役割」『しまねの古代文化』一六　二〇〇九年）。そして、その故事にちなんで、子孫である私も同じことをやりますと述べるのです。

神賀詞奏上儀礼では、まず出雲国造の候補者が出雲から国司に引率されて上京します。そして太政官で国造に任命され、神祇官でいろんなものをもらって出雲に帰ります。そこで一年間潔斎します。この間、出雲では重刑を決しない、班田収授をしないのです。それから潔斎が終わってまた都に上って神賀詞を奏上して、神宝を献上してまた出雲に戻って、もう一回潔斎をやって、また上京して神賀詞を奏上するのです【図2】。

この時任命された国造は意識としてアメノホヒノミコトになるのだと思います。そしてアメノホヒノミコトが国譲りの役割を担ったように自分も出雲に帰って潔斎し、オオクニヌシをこび静めて任務を果たします。一年間の潔斎が終わると、また上京して自分の先祖の神様の神話を語ってその故事にちなんで私も同じことをやりましたと「伊波比の返事の神賀詞」を奏する、すなわち復命をします。そしてその後神宝を献上する。

この神宝のうちの玉については、「白玉の大御白髪坐《おおみしらがま》し、赤玉の御阿加良び坐《みあからびま》し、青玉の水江《みずえ》ノ玉の行相《ゆきあい》に…」とあり、天皇の長寿と健康を祈るものです。つまり、出雲玉というのは、天皇や王権を支える重要な存在とみなされ、神賀詞の奏上儀礼もその一つとして行われたわけです。

八、神賀詞奏上儀礼が意味するもの

このような神賀詞奏上儀礼を今まで多くの古代史の研究者は、出雲がヤマト王権に服属したことを示す儀礼だと解釈してきました。ですが、出雲国造は任務を果たしたと言っているだけであって、服属しましたとは言っていません。これは服属儀礼ではなく、出雲国造の祖先神であるアメノホヒの神話を再現した儀礼であり、かつ天皇にパワーを与える儀礼であったのです。

このような国造家の神話に基づいて神賀詞の奏上儀礼が行われ、それが正史に残っているということは、誤解を恐れずに言えば神話が歴史をつくっているとも言えるのです。神話が全部歴史的な事実だと言っているわけではなく、神話に基づいていろいろな儀礼とか儀式が行われているという意味です。

また、出雲大社の造営も国譲り神話の具現化ではないかと考えます。平安時代の貴族の子どもの教科書である『口遊』には、当時の高層建築のベスト3として「雲太」（出雲大社）、「和二」（東大寺の大仏殿）、「京三」（平安京の大極殿）と書かれています。出雲大社は都の人びとにとって一番高い建物と認識されていたわけです。【図3】

これはあくまでも神話や伝説上の話かと思われていましたが、冒頭申し上げたように、二〇〇〇年に鎌倉時代の出雲大社の本殿の巨大な柱が出てきたわけです。また、古代の出雲大社の本殿の設計図だと言われている「金輪《かなわの》御《ご》造営《ぞうえい》差図《さしず》」には「国の御沙汰」と記してあり、その造営は国家的事業であっ

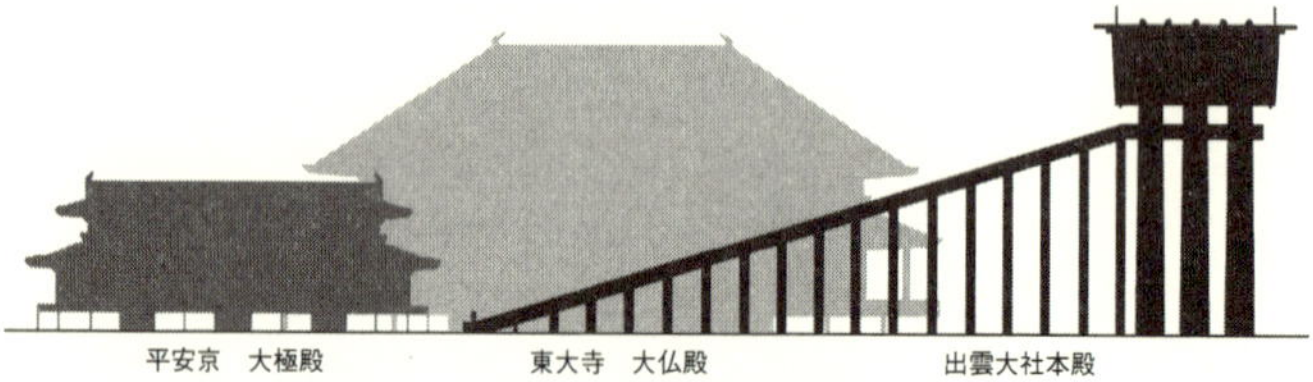

図３　平安時代の高層建築ベスト３
（『島根県立古代出雲歴史博物館　展示ガイド』より）

たことがわかります。

そのような高い建物を建てた理由について、灯台という説やオオクニヌシの祟りを鎮めるためとの説もありますが、私は国譲り神話が実際にあったのだということをアピールするために、意識してそれだけの高い建物を建てたのだと思うのです。

九、出雲は新墾の地

では、ヤマト王権にとって出雲はどのような場所だったのでしょうか。この問題を考えるために日本書紀の顕宗即位前紀に載せられた顕宗天皇のものと伝えられる歌「出雲は　新墾《にいはり》　新墾の　十《と》握稲《つかしね》を　浅甕《あさらけ》に　醸《か》める　酒《おほみき》　美《うまら》にを　飲《や》喫《ら》ふるかわ。」に注目したいと思います。この歌は、出雲は新しい開墾地である。その新しい開墾地でよく実った丈の長い稲を、浅い甕に噛んでつくった酒にしておいしく飲もうではないかという意味です。

「出雲は新しい開墾地」というのは、気になる表現です。この歌は播磨で歌われていますが、この歌の後半では「餌《え》香《か》の市に　直《あたい》以《も》て買《か》はぬ」、つまりこんなおいしい酒は餌香の市でも値段をつけて買えるものではないとも歌われています。餌香の市とはヤマト王権の本拠地の一つである河内にあった市ですから、この歌はヤマト王権にかかわりのある場所で、もしくは関係者の間で歌われた可能性が高いのです。

ということは、「出雲は新墾」とは、ヤマト王権の出雲に対する認識を端的に示しているのではないでしょうか。ヤマト王権にとって出雲は何よりも新しい開墾地であり、おいしい酒の素材となる稲を生み出す場所。このような認識が出雲を国譲りの舞台、国づくりの舞台とし、ヲロチ退治の舞台へと導いたのではないかと考えます。

『出雲国風土記』を読むと、古代の出雲の各地に「稲置」という地名や人名が分布していることがわかります。また、「出雲国大税賑給歴名帳」という奈良時代の帳簿にも稲置部という人物が出てきます。稲置というのは、ヤマト王権の直轄地である屯田の経営を司っています。このような稲置が出雲に置かれている前提としては、ヤマト王権による開発を想定できるのではないかと私は考えています。

十、ヤマタノオロチ神話の再検討

その上で、ヤマタノヲロチ退治の神話が意味するところを考えてみましょう。スサノヲがヤマタノヲロチを退治する神話については、大きく二つの説に分かれてます。一つは、ヤマタノヲロチは斐伊川であり、斐伊川の氾濫に対する治水を神話化したものであるという説です。もう一つの説はヤマタノヲロチをスサノヲが切ったら、斐伊川が真っ赤に染まった。そのヤマタノヲロチから流れる血を砂鉄と見て、たたら製鉄集団のことに関係する神話ではないかという説です。

それぞれ魅力的ではありますが、私はちょっと考え方が違います。ヤマタノヲロチという言葉を分解しますと、「ヤマタ」は八方に分かれたという意味です。「ノ」は「の」ですね。「チ」は精霊です。問題は「ヲロ」ですけど、「ヲロ」っていうのは山の谷間の入り口という意味です。従って、ヤマタノヲロチの本来の意味は、「八方に分かれた山の谷間の入り口に潜む精霊」です。この山の精霊を奥出雲の山間部の人々は祭って開発を進めていたのですが、ヤマト王権が開発の主導権を握るようになると、ヲロチはスサノヲに退治される化け物に変わったのではないかと私は思っています。

ヲロチ退治神話に登場する神々の名前を見ますと、ヲロチも含めて農耕にかかわる神様の名前ばかりです（西宮一民「神名の釈義」『新潮日本古典集成　古事記』新潮社一九七九年）。アシナヅチは晩稲の精霊、テナヅチは早稲の精霊です。クシナダヒメは日本書紀では「奇稲田姫《くしいなだひめ》」とあります。古代の「奇」とは「霊妙な」という意味なので、

「霊妙な稲田の姫」ということです。さらに、出雲国風土記の飯石郡熊谷郷条では「クシイナダミトヨマヌラヒメ」とあり、その意味は「霊妙な稲田で女陰を与えて寝る姫」となりますが、その与える相手とはおそらく、山の精霊ヲロチでしょう。ですから、クシナダヒメのモデルは、山の精霊と儀礼的に結婚する巫女だと思います。ところが、ヤマト王権が入ってくるとそのような祭祀は否定されて大々的な開発が行われ、ヲロチも精霊から化け物に変わっていったのではないかと考えています。

また、日本書紀の仁徳即位前紀によると、出雲国造の祖とされる淤宇《おう》宿禰は、屯田《みた》の司として「倭の屯田」の管理を任されています。これはヤマト王権の屯田から収穫された稲を神に捧げるような儀礼の場において、出雲国造の祖が重要な役割を果たしていた事実を示しているのではないかと思います。

十一、「北ツ海」を通じて開かれた出雲

では、なぜ出雲がヤマト王権から新しい開墾地として選ばれたのか、出雲から収穫された米で造った酒をおいしく飲むということにはどのような意味があったのでしょうか。改めて出雲という場所が弥生時代以来、列島の古代においてどのような位置を占めて

いたのか考えてみると、日本海、当時の言葉では「北ツ海」を通じて東アジア諸国に向かって開かれた、開放的空間としての出雲が浮かび上がります。

【図4】をご覧ください。日本列島の地図を逆さまにすると、日本海が巨大な湖に見えてきませんか。出雲も目と鼻の先が新羅です。こうやって見ると出雲というのは古志や新羅と大変近い。開放的な空間として出雲があるんです。

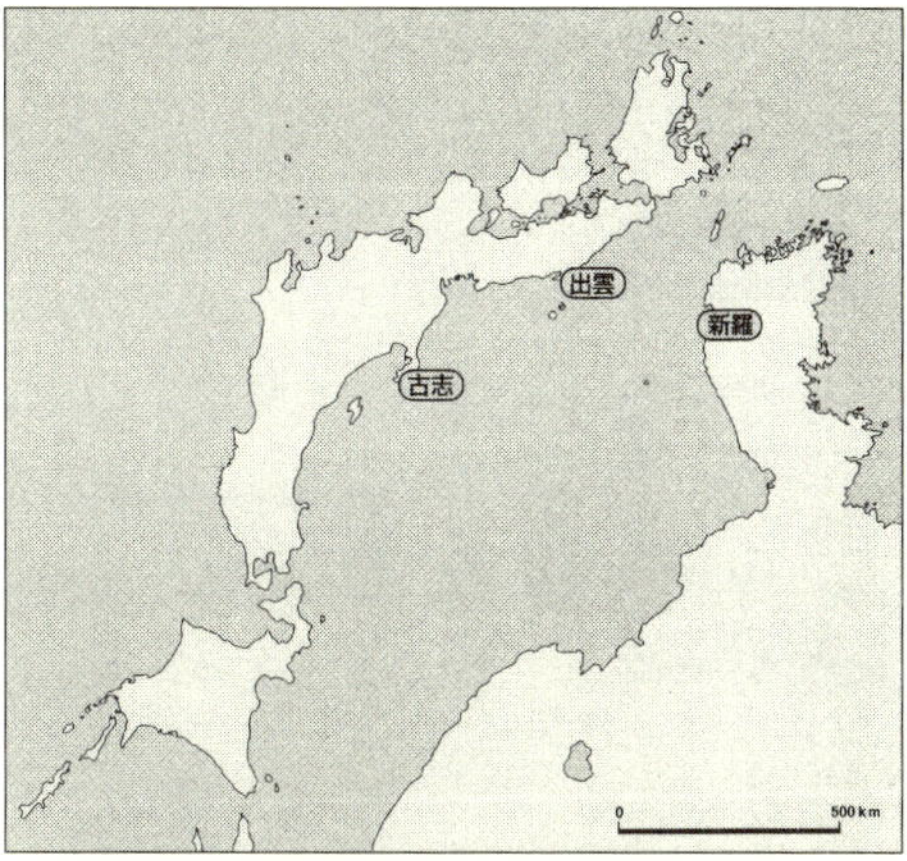

図４　日本海域における出雲の位置
（瀧音能之編『古代出雲と風土記世界』
河出書房新社　1998年より）

また出雲市の西谷3号墓という弥生時代の四隅突出型墳丘墓からは、大量の土器が出土しています**【図5】**。これが大きく三種類にわけられまして、地元である出雲産の土器（①）と、北陸地方の土器（②）と、吉備地方の特殊器台（③）と分類できます。この事実はこの西谷3号墓で葬送儀礼が行われたときに、地元出雲の人々と吉備地方の人々、あるいは、北陸地方にルーツを持つ

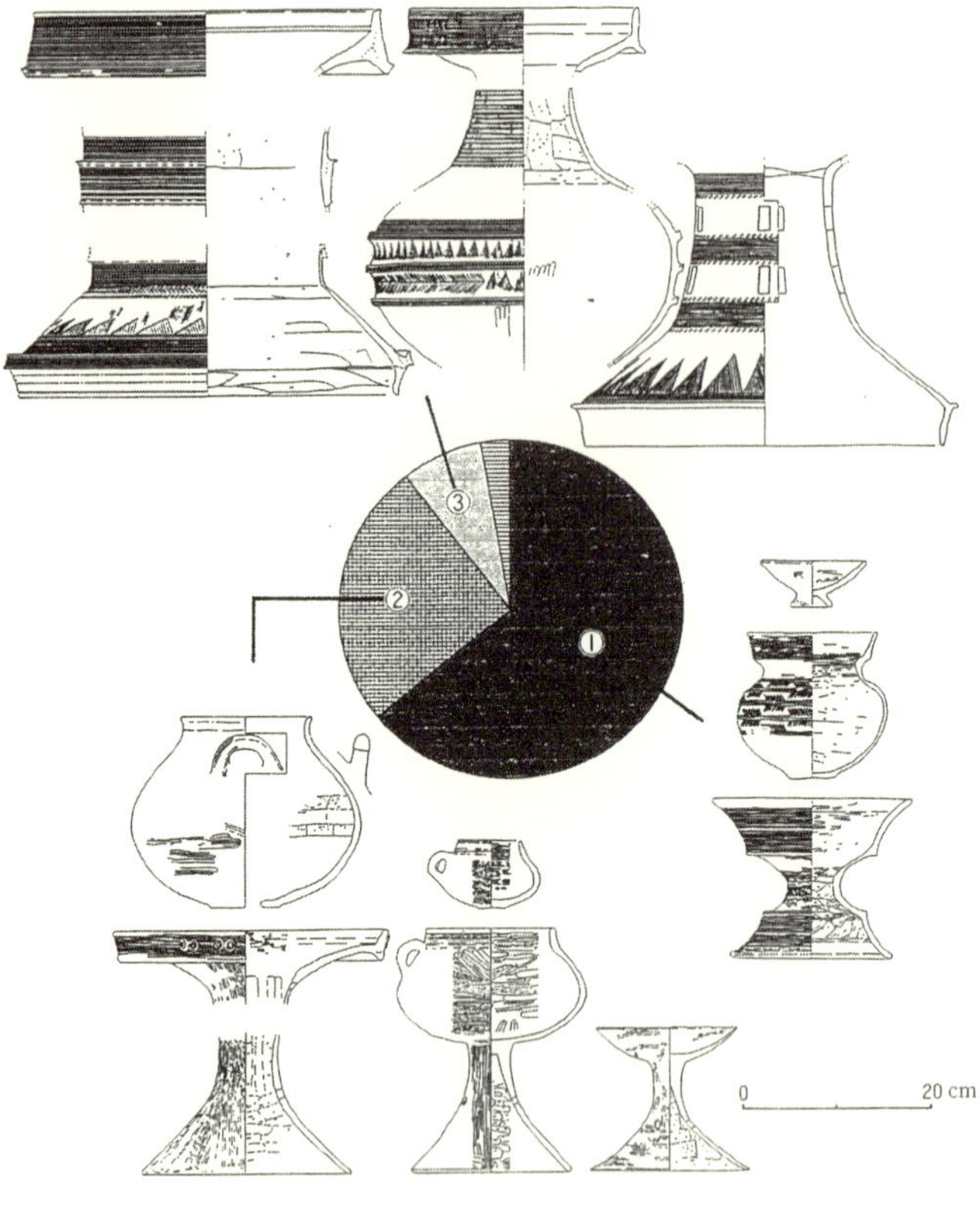

図5　西谷3号墓の土器
（瀧音能之編『古代王権と交流7　出雲世界と古代の山陰』
名著出版　1995年より）

人々が参加していたことを示しており、出雲の首長がほかの地域の首長と、積極的に交流していたことがわかります（渡辺貞幸「「出雲連合」の成立と再編」瀧音能之編『古代王権と交流7　出雲世界と古代の山陰』名著出版　一九九五年）。

また、出雲大社の近くの命主《いのちぬし》神社からは、弥生時代の九州産の銅戈と北陸産のヒスイでできた勾玉が出土しています。これは、出雲大社付近が弥生時代から祭祀が行われた聖地であり、また他地域と積極的に交流していたことを物語っています。

このような点を踏まえると、古代の出雲は北ツ海の中核にあって、大陸や九州、北陸地方と積極的に交流していたのでしょう。出雲国風土記によれば、神門郡「古志郷」の名は北陸地方からこの場所へ人びとがやってきて、堤を築いたことに由来する。また同じ神門郡の狭結駅は古志国の佐与布《さよう》という人物がやってきてここに住んだからだ、とあり、ともに北陸地方から人々が移住したことに由来すると書かれています。

また日本書紀にはこういう話もあります。崇神天皇の頃に意富加羅《おおから》国の王子の都怒我《つぬが》阿羅斯等《あらしと》が、「穴門《あなと》国」（長門国）から北ツ海を回り、出雲を経て「笥飯浦《けひのうら》」（現在の福井県敦賀市付近）に上陸したとあります（垂仁二年是歳条）。ちなみにこの敦賀という地名は都怒我阿羅斯等の「都怒我」から来ています。

こういった神話や伝承は、史実であるかどうかは別として、歴史的前提として出雲が東アジアにおいて開かれた空間でなければ生まれないと思います。そして、開かれた空間である出雲を押さえるということは、東アジアや北ツ海沿岸の諸地域を象徴的に押さえるという意味があったのではないでしょうか。

また、オオクニヌシノミコトのことを出雲国風土記では、「所造天下大神《あめのしたつくらししおおかみ》」、すなわち天下をつくった神様だと書いてあります。一方でヤマト王権の倭国の王は、熊本県江田船山古墳の大刀の銘文によれば「治天下大王」、すなわち天下を治めた大王だと称しています。倭国の王、天皇家の祖先たちは、自分たちは天下を治める人、対してオオナムチは天下をつくった神と考えていたのでしょう。そういうことを踏まえても、出雲を押さえるということは天下を押さえることを意味するのであり、それゆえに出雲は、国譲りの舞台になったのではないかと思うのです。

十二、おわりに

いろいろなご意見があるかもしれませんが、私の考えとしては、出雲は決して古代王権に敗北して、オオクニヌシが逼塞を強いられた場所ではありません。古代出雲は開放的な場所であるがゆえに、列島古代のパワースポットであり続け今に至っているのではないかと考えています。

高校までの教科書に出てくる奈良時代、平安時代、鎌倉時代という言葉は、当時の政治の中心があった場所に基づく時代区分であって、あくまで中央からの見方です。それに対して、地方から見るとまた見方が変わってきます。出雲は都にとっては辺境ではあるかもしれませんが、出雲から新しい歴史が見えてくるのです。ぜひこれからは地域から見た歴史のダイナミックな流れを学生とともに学んでいきたいと考えています。

最後は大きく出ましたけど、これで終わらせていただきます。御清聴ありがとうございました。

【第2部】出雲とヤマト

遺跡からみた五世紀の出雲と王権

池淵俊一

一、はじめに――淤宇宿禰《おうのすくね》伝承と意宇平野――

今日は考古学の立場から五世紀の出雲と倭王権との関わりについてお話したいと思っております。その際に、淤宇宿禰《おうのすくね》という人物、これは日本書紀に出てくる人物なのですが、この人物をキーワードとして話を進めてみたいと思います。

では、淤宇宿禰という人物、どういう人物なのかといいますと、日本書紀の仁徳天皇が即位する前のお話で、伝承上出雲臣、現在の出雲国造《いずもこくそう》さんの祖先にあたる人物になりますが、畿内で王権の直轄地である「倭屯田《やまとのみた》・屯倉《みやけ》」の現地の管理監督をし、仁徳天皇の命令で朝鮮半島と往来していた人物というふうに書かれております。

ここでは淤宇宿禰は、出雲臣の祖というふうに書かれているわけです。出雲国造家に伝わっている「出雲国造系図」のうち「古系図」と言われている部分によりますと、初代の天穂日命《あめのほひのみこと》から数えて一七代目で「意宇足奴命」（淤宇宿禰）が出てきます。興味深いのは、淤宇宿禰というのは、地名と足奴という名称から構成されており、一六代の三嶋足奴命とともに、それ以前の名前とは明らかに構成が異なっています。もう一点、一八代目からは、最後に命が付かない。つまり、この古系図が成立した古代の出雲国造家では、淤宇宿禰は遠い神代の話ではなくて、人間界の実質的な始祖として認識されていたわけです。

では、この説話が実際の史実を伝えているかということですが、これまでの古代史研究では否定的な見解が主流でした。その理由として、説話中に明らかに後世の潤色とみられる表現があること、屯倉の成立自体が六世紀まで降ると考えられること等が主な理由としてあげられます。私個人の考えを申しますと、淤宇宿禰なる人物が実在したかはさておき、ここでは仮に淤宇氏と呼んでおきますが、彼らが倭王権と深く関わって朝鮮半島と交渉を持っていたこと、こ

池淵俊一（いけぶち・しゅんいち）
島根県埋蔵文化財調査センター管理課長
広島大学大学院文学研究科修士課程修了。専門は考古学。著作に「出雲型子持壺の変遷とその背景」、「山陰の鉄器生産と流通」、「山陰における方形区画墓の埋葬論理と集団関係」、「出雲における中・後期前方後方墳の成立と展開」ほか。

れはおそらく歴史的事実と考えてよいだろうと思っております。

どういったところからそう言えるのかと申しますと、これは昨今の意宇平野周辺における発掘調査成果によるところが大きいわけであります。意宇平野は平野の乏しい出雲では比較的広い部類の平野で、中心には奈良時代の国府が置かれた所ですが、この出雲国府周辺を平成一二年度から島根県教育委員会が再調査を行っています。奈良時代の国府を確認する調査ですので、あまり下の方は掘ってないのですが、それでも五世紀の遺構、具体的には、大規模な溝や竪穴住居などが続々と見つかってきたわけです。どんなものが出てきたかといいますと、例えば板状の柱が出てきております。奈良県に極楽寺ヒビノキ遺跡というのがございますけれど、ここの主要な建物にこういった板材の柱が使われておりまして、神殿ですとか首長の居館、そういった特殊な建物の可能性が指摘されているわけです。それから、注目されるのは多数の朝鮮半島系土器であります。畿内では朝鮮半島系土器というのはあまり珍しくないかもしれませんが、地方では滅多に出てこない遺物でして、今のところ島根県内では一番たくさん出ている遺跡になります。器種も煮炊きの道具である鍋《なべ》とか甑《こしき》が出ていたり、向こうの方ではオンドル状施設の上に使用する煙突状の土器などが出ておりまして、単純に朝鮮半島からモノだけが来ただけではなくて、実際に渡来人がこの意宇平野に居住していた証拠と考えてまず間違いないと思います。これは先ほど紹介しました淤宇宿禰が仁徳天皇の命令のもと自ら朝鮮半島に渡ったという日本書紀の記述と奇しくも一致してくるわけです。

以上、国府の下層から見つかった遺構・遺物の評価は簡単にはできないのですが、内容からして、恐らく首長クラスの居館ないしは拠点施設と考えてよい、そしてそれは出雲最大の有力豪族でありますす出雲臣の祖先の拠点が五世紀にはこの場所にあったことを示すと考えてよいと思います。では、どうしてこの淤宇宿禰という人物が出雲臣の祖として語り継がれる存在になったのかということであります。王権との密接な関係や、渡来人をこの地に定住させたのはあくまで手段でありまして、それ自体は目的ではありません。王権との関係や渡来人の招聘をもって、淤宇宿禰なる人物に象徴される出雲臣の祖先達が一体何をなし得たのかが問題となるわけです。記紀や風土記をみると、例えば『出雲国風土記』ですと島根郡の郡司である社部《こそべ》臣《のおみ》氏の祖である波蘇等の開発記事など、地名起源や始祖伝承が開発記事と結びつく事例が目立ちます。この淤宇宿禰伝承も開発と関係して始祖として語られていた可能性も考えられますので、以下、このような観点から検討してみたいと思います。

二、意宇川の変遷

まず意宇平野ですが、東西五㎞、南北四㎞程の平野で、意宇川《いうがわ》という全長二七㎞程の川が意宇平野を形成しております。この川にはいくつか際立った特徴がありまして、ひとつは谷部から平野に出る場所で急激に屈曲している点です。それともう一つ、意宇平野というのは基本的に南が高くて北に向けて緩やかに傾斜しておりますが、この意宇川は、平野の一番高い所を流れている点です。これは人工的に付け替えられた可能性が考えられるわけですが、問題はいつからこういう流路になったのかということです。

成瀬敏郎先生という方が、かなり以前に意宇平野の地形を研究しておられますが、そのご研究では意宇平野にはいくつか旧河道が認められるわけですが、基本的には北から南へ川が移動していると指摘されています【図1】。仮に北側を河道A、平野の真ん中を流れているのを河道B、ほぼ現在の川と同じところを流れているのを河道Cと呼んでおくと、A→B→Cの変遷を想定されたわけです。そして古代に条里制《じょうりせい》が施行された段階で、同時に平野の南側に川を付け替えたんだ、と主張されたわけであります。では現在の河道がどこまで遡れるのかということですが、古代の意宇川の河道については大きく二つ説がございます。ひとつは、成瀬先生のように条里制施行段階に南の山麓沿いに付け替えたとする説と、もう一つは河道Bという平野の真ん中を流れていたとする説です。後者の河道B説はどういった根拠に基づくかと申しますと、一つはこの川の跡が現在の地形にも明瞭に残っていることから古代まで遡るとは考えにくい点。それと国府の調査で古代の河川敷のような跡が出てきておりますので、ここに意宇川が流れていたのだ、という点が主な論拠です。私の考えを申し上げると、先程の国府の調査で河川敷状の跡に意宇川が流れていたというのは成立し難い。

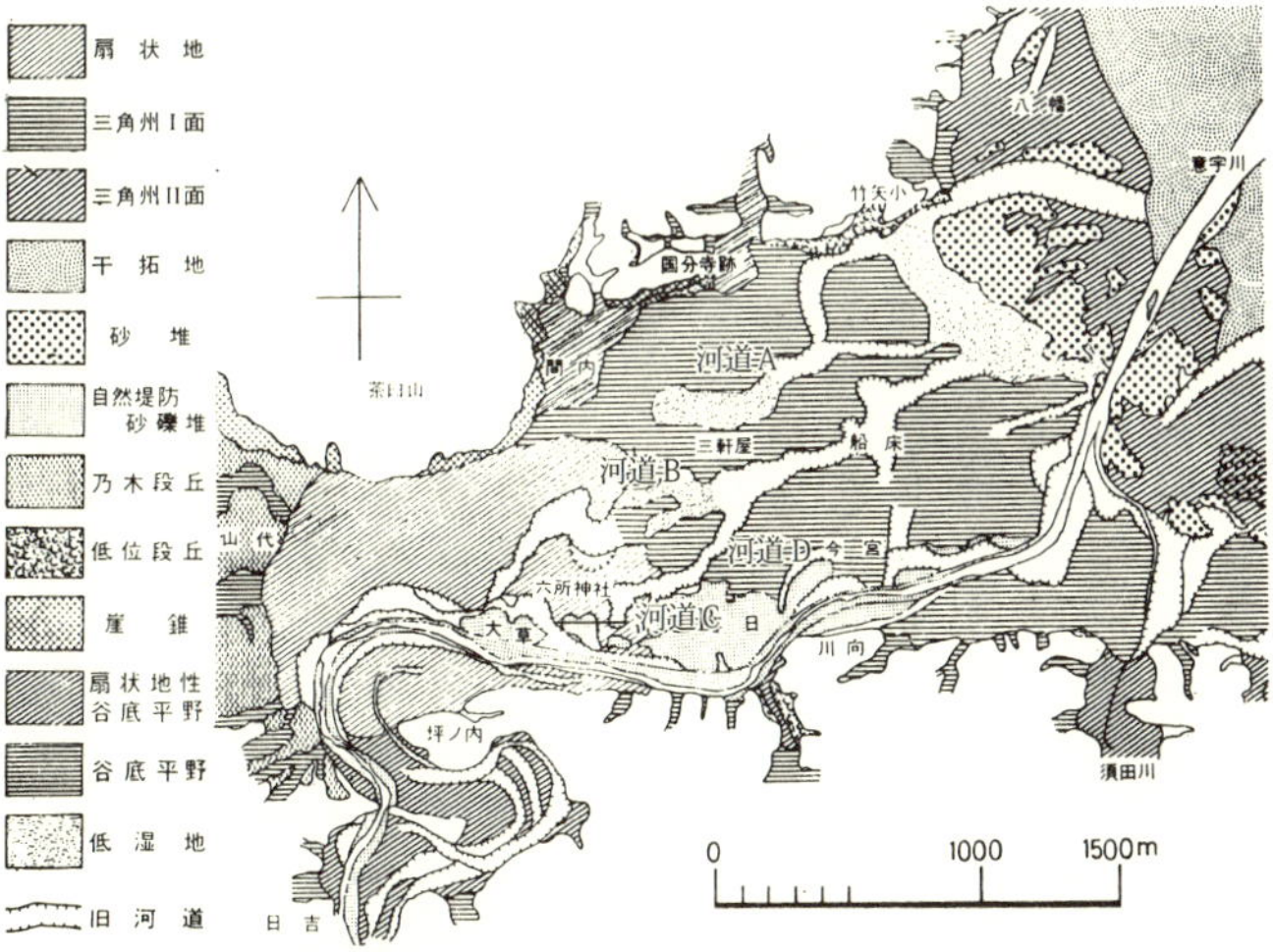

図１　意宇平野の地形分類と旧河道（成瀬敏郎「意宇平野」（島根県教育委員会『八雲立つ風土記の丘周辺の文化財』1975年）に加筆）

というのは、そのすぐ西側は微高地になっていて、少なくとも意宇川の本流があったとは考えにくい。それともう一つ、この出雲国府では古代の遺構が一三世紀の大洪水による礫で一面覆われています。河道Bは国府の北を流れているのですが、出雲国府の方が高い場所にあるので、河道Bが氾濫して国府が一面礫《れき》層で覆われることは常識的には考えにくい。国府が存在していた段階には、川はそれより高い南側を流れていたからこそ、これが氾濫して出雲国府が礫に覆われたと考えた方が、より合理的に解釈できると思うわけであります。

次に発掘調査の成果から意宇川の変遷を見てみたいと思います。意宇平野では平野を三つ縦断するような形の調査が行われており、大略を把握することができます。まず平野の西側の大坪《おおつぼ》遺跡という遺跡です【図2】。真名井《まない》神社という神社がありますが、そこの参道を拡幅するということで調査が行われました。そうすると全部で五本の川が見つかったのですが、北側の四本については、いずれも弥生時代中期には埋没していたことがわかりました。成瀬先生のご研究で一番北側の河道（河道A）というのがおそらくこの四つの川に対応するものと思われます。それから一番南側の河道はその埋没後に六世紀初頭の溝が掘られております。そうするとこの一番南の河道というのは六世紀初頭に

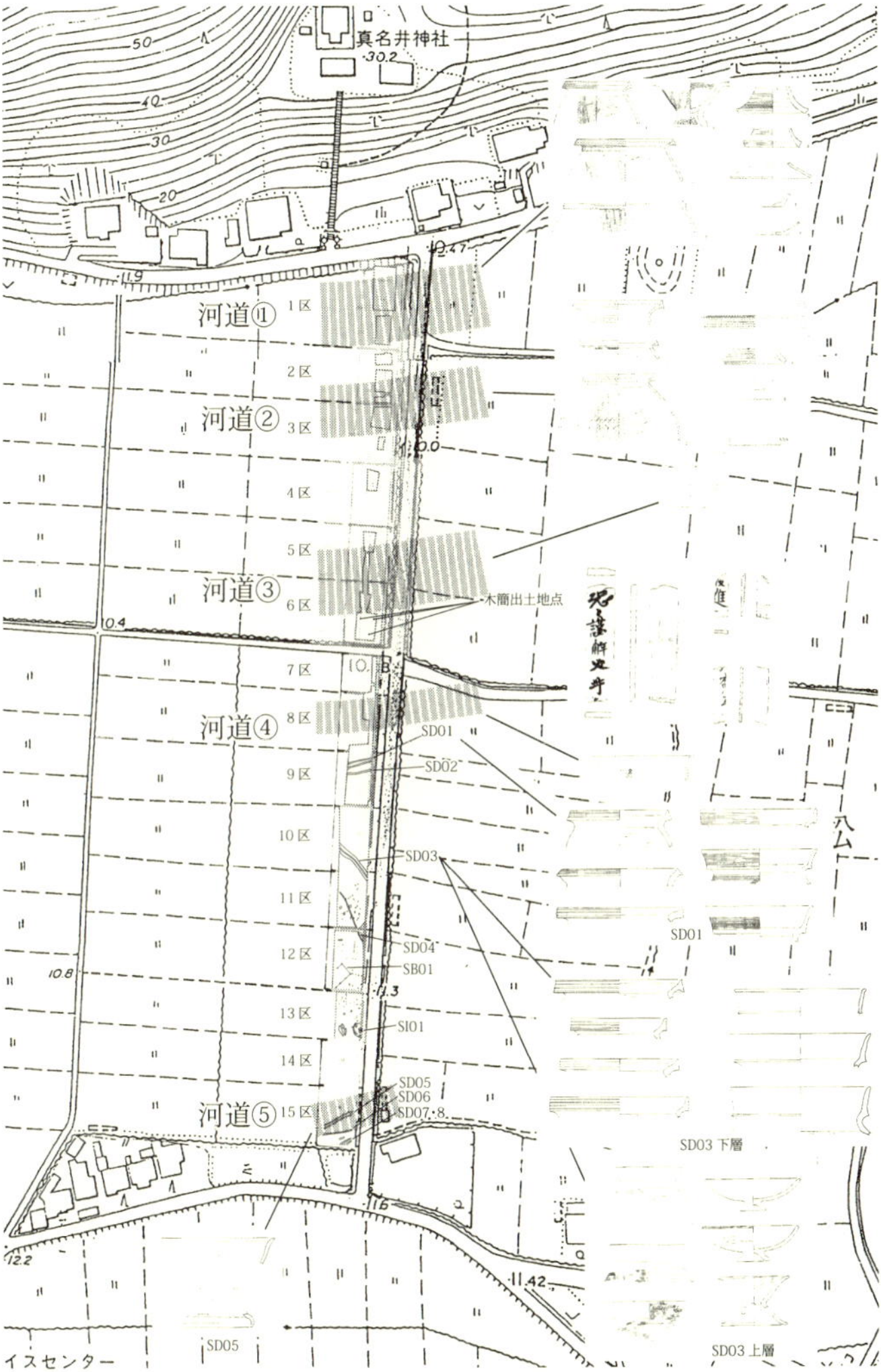

図２　大坪遺跡の集落と旧河道

は既に埋まってしまっているということです。結論としましては、少なくとも六世紀初頭以降には意宇川はこの調査区内には流れておらず、もっと南の現在の河道付近へ既に移ってしまっていたと考えられます。

次に出雲国府の調査を見てみたいと思います【図3】。出雲国府の調査では国府だけではなく古代山陰道の実態を解明するために数箇所を掘っているのですが、たまたま、山陰道が河道Bと交差する場所にトレンチを入れています（トレンチ30）。表土の下に河道Bと思われる礫層が検出されましたが、この礫層の上からは奈良時代の土器がまとまって出ております。この出土状況からみて、河道Bは奈良時代にはすでに埋没していたと考えられるわけです。

最後に一番下流域の松江道路での調査事例を紹介します【図4】。ここでは二本の大きい自然河道が見つかっております。一つは布田遺跡《ぬのでん》で見つかった河道で、この場所はまさに成瀬先生が想定された河道Aという一番古い河道の推定地なのですが、この川からは弥生時代前期から弥生時代中期の土器がたくさん出てまいりました。そして、弥生時代の中期後半には完全に埋没してしまいます。ですから先ほどの大坪遺跡から出てきた河道と時期的にぴったり合うわけです。次に、この南に夫敷《ふしき》遺跡という遺跡がありまし

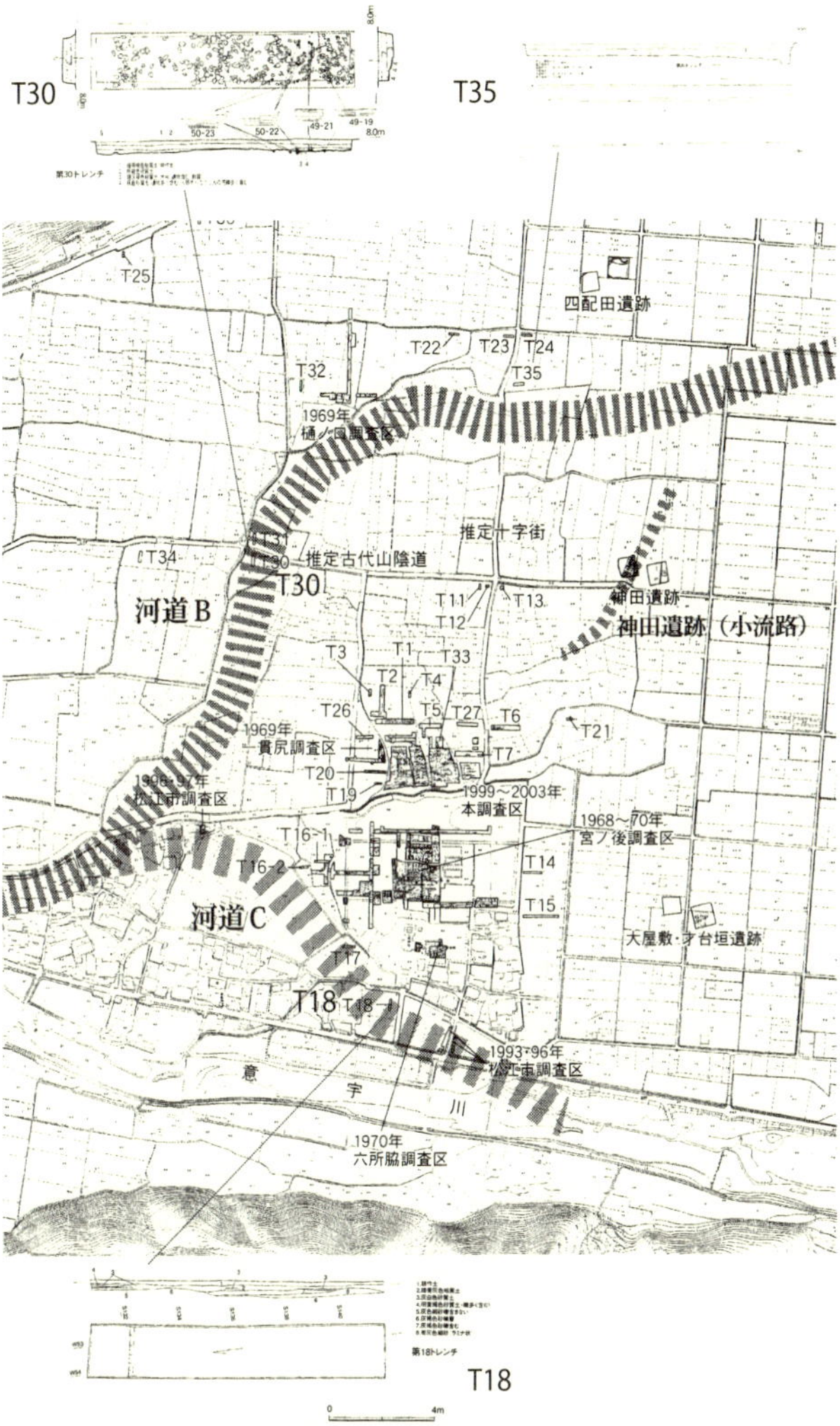

図３　出雲国府跡周辺の旧河道の様相

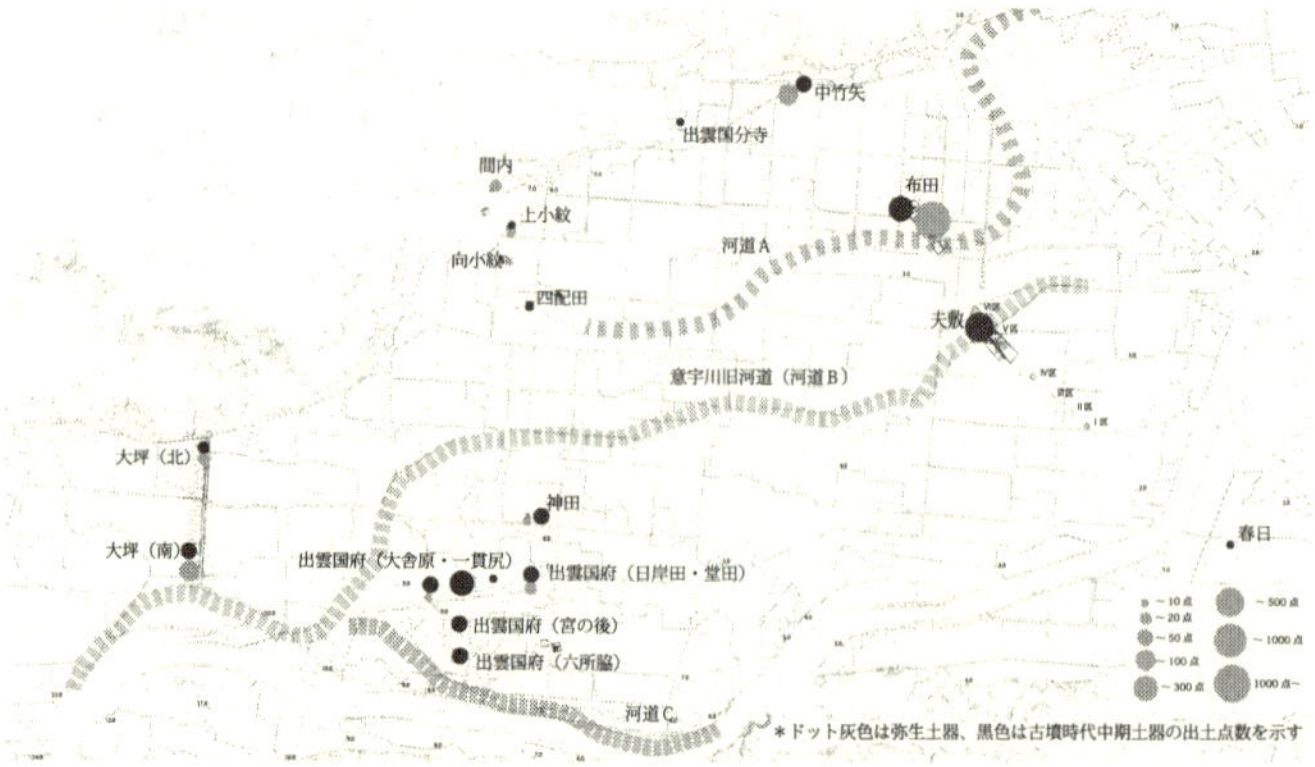

図４　意宇平野内の時期別遺物出土比率

て、ここでも川跡が見つかっています。幅三〇ｍ、深さ二ｍくらいの川跡ですが、これが古墳時代前期から始まって、五世紀前半頃にはほぼ埋没してしまいます。恐らく意宇川が布田遺跡の河道Ａから夫敷遺跡の河道Ｂへ移ってきたという、かつて成瀬先生が想定された河道変遷が発掘で見事に証明されたと考えていいと思います。重要なのは、松江道路の調査では布田遺跡と夫敷遺跡以外にも道路予定地に網羅的にトレンチを入れているのですが、これ以外の場所には大規模な川跡は全く見つかっていません。つまり、意宇川は河道Ｂ廃絶後に現河道付近以外の場所に移動したとは考えにくいのです。

以上の調査状況をまとめますと、意宇川は古代には既に現河道の近くを流れていた可能性が高い。

さらに夫敷遺跡の調査成果に基づけば、その時期は五世紀にまで遡る可能性がかなり高いと考えています。これはどういうことを意味するのかと言いますと、要は五世紀という非常に古い段階に、現在の河道付近に大規模な人工的な水路が作られていたか、もしくは場合によっては意宇川そのものを付け替えるといった、大規模な土木工事が行われていた可能性が示唆されるわけです。

三、遺跡から見た意宇平野の開発

なぜ川を付け替える必要があったのかということなのですが、要は水利上の有利性です。即ち高いところに水路を通すことによってより広い地域を灌漑《かんがい》することが可能となるわけです。特に国府が立地する微高地を開発するためには、南側の高い所に水路を通す必要があったわけです。ここで意宇平野における各時代の遺物の分布をみてみます【図４】。まず弥生時代ですが、弥生時代の遺物は、河道Bよりも北側からしか出ていないことがお分かりいただけると思います（図中灰色のドット）。要は河道Bより低い所しか開発できていないということになります。特に北の茶臼山《ちゃうすやま》の南麓と中海沿岸の低地に集中して、平野の真ん中には遺跡がない。一方、河道Bより南の地域、特に国府周辺ではかなり広い範囲を調査していますけれど、弥生土器は殆ど出てこない。恐らく弥生時代の国府周辺は利用されない荒地だったと思われます。これが古墳時代中期になると河道Bより南側で土器がたくさん出土するようになることがわかると思います（図中黒色のドット）。要は平野南部の微高地の開発がこの時期飛躍的に進展したことを示しているものと考えられます。

次に水田遺構や用水路等の遺構の側面から、当平野の開発を見ていきたいと思います。これは、上小紋《かみこもん》遺跡と向小紋《むかいこもん》遺跡という中国電力の鉄塔建設に伴う調査でみつかった水田遺構です【図5】。弥生時代の意宇平野には水田遺構が集中することから、この時期には意宇平野は既に全面的に水田になっていたんだとおっしゃる方もおられますが、よくよく見るとこれらの水田遺構は、真名井の谷という小さな谷の扇状地末端に立地しています。一般に扇状地という所は水に乏しい地形なのですが、扇状地末端は伏流水が湧き出る場所と言われていまして、まさにその水が湧く場所から水田跡が見つかっているわけです。それと、発掘された水田の高さを調べますと、水は北西から南東に向かって流れているということがわかります。水田からは木を組んだ枡状の遺構、これは多分湧き水をためてこれから灌漑に使う、いわゆる溜井《ためい》のような遺構も見つかっておりま

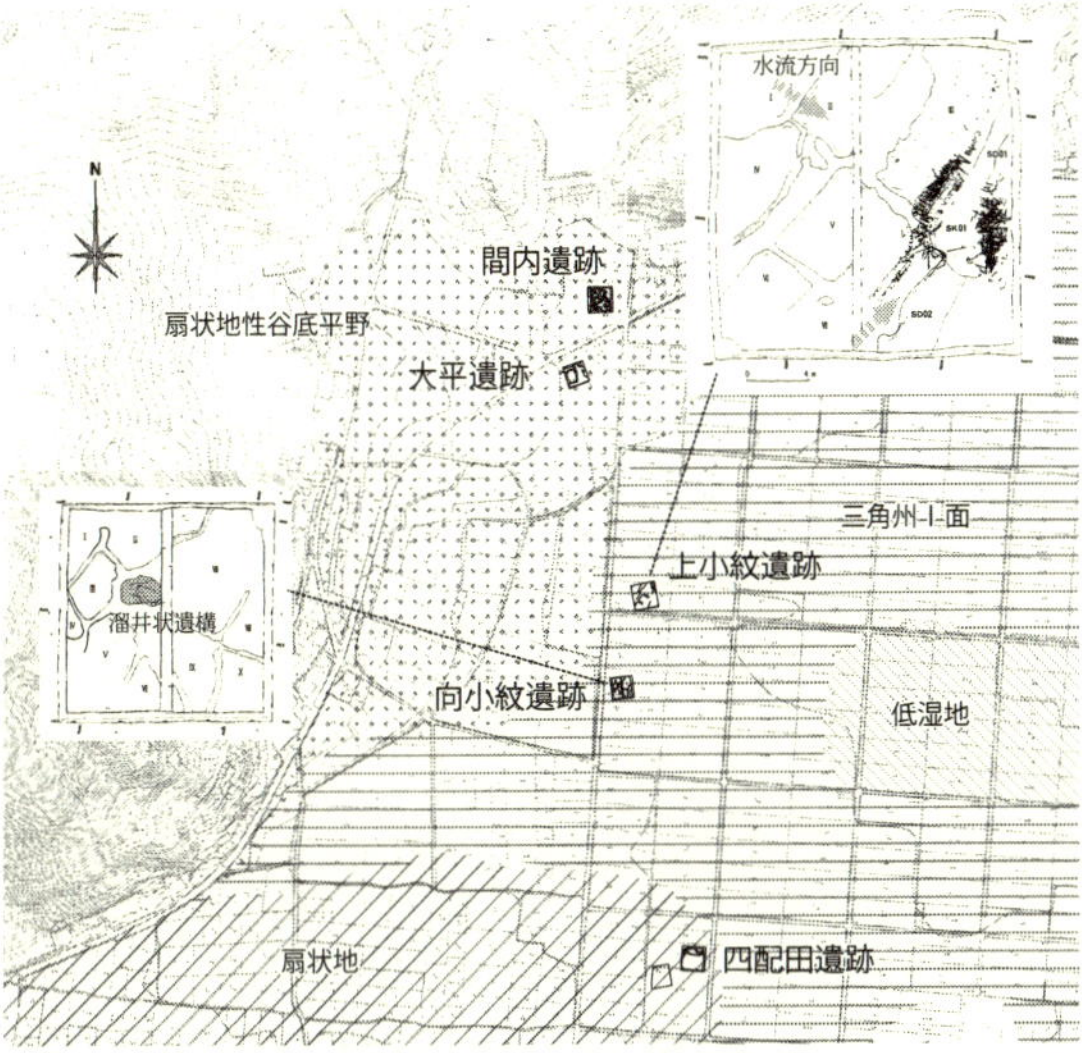

図５　上小紋・向小紋遺跡の立地

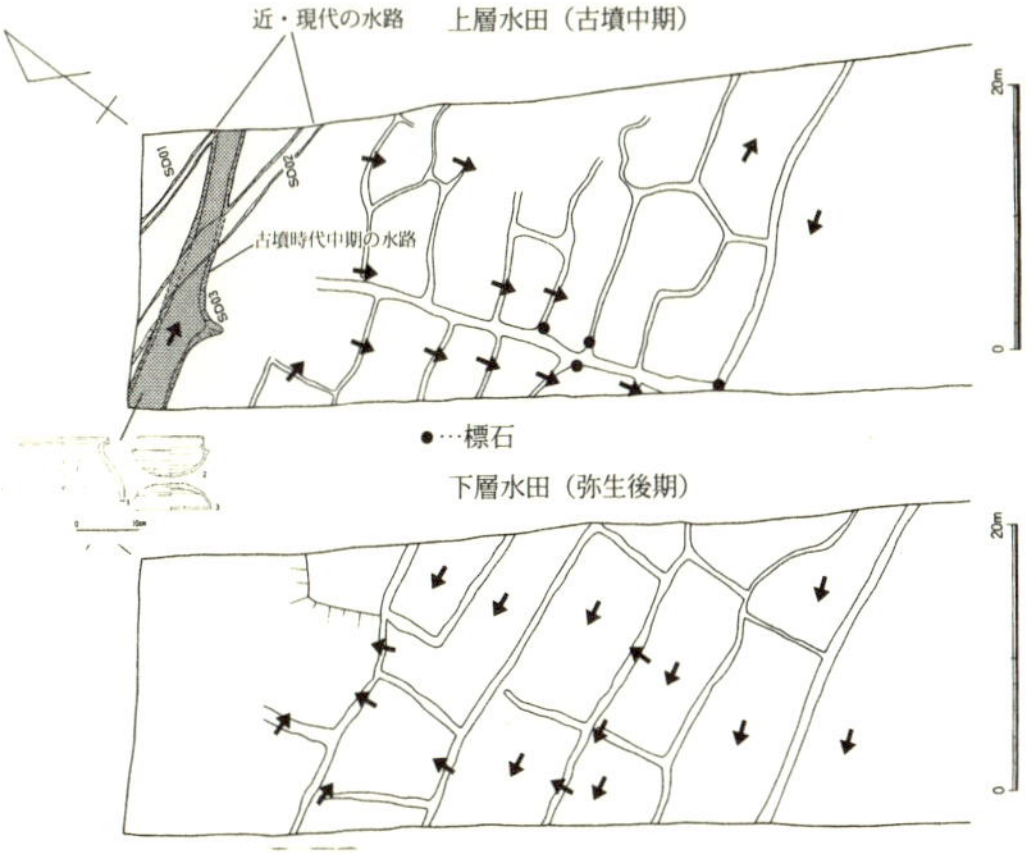

図６　夫敷遺跡の水田遺構

す。つまり、これらの水田跡というのは、意宇川の水を用水として利用したものではなく、谷の湧き水を利用した棚田であり、弥生時代に意宇平野が全面的に水田としていたとは、今のところ言えないと考えています。意宇平野ではもう一つ夫敷遺跡で水田跡が見つかっておりまして、これは意宇川の河口付近の水田跡です【図6】。ここでは水田跡が上下二面で見つかっておりまして、下が弥生時代後期、上が古墳時代中期の水田です。下層の弥生時代後期の水田跡は灌漑水路を持たない水田で、各田面のレベル差も明確でなく、かなり滞水性の高い水田であったと想定されます。一方の古墳時代中期の上層水田になりますと、灌漑水路が整備され明確に北から南へと水が流れて各田面を灌漑していく様子がわかります。興味深いのは、この古墳時代中期の灌漑水路と重なるように圃場整備前の水路が走っている点です。つまり、下層水田と上層水田との間には、この意宇平野の灌漑上の大きな変革があって、五世紀の水路体系というのはごく最近まで受け継がれていた可能性が考えられるわけです。

次に灌漑に使ったと思われる水路を見ていきたいと思います【図7】。出雲国府周辺では古墳時代中期になると一斉に南西—北東方向の溝が掘削されます。地形的に南西が高くて北東が低いことから、水は基本的に南西から北東へと流れます。では、この水は

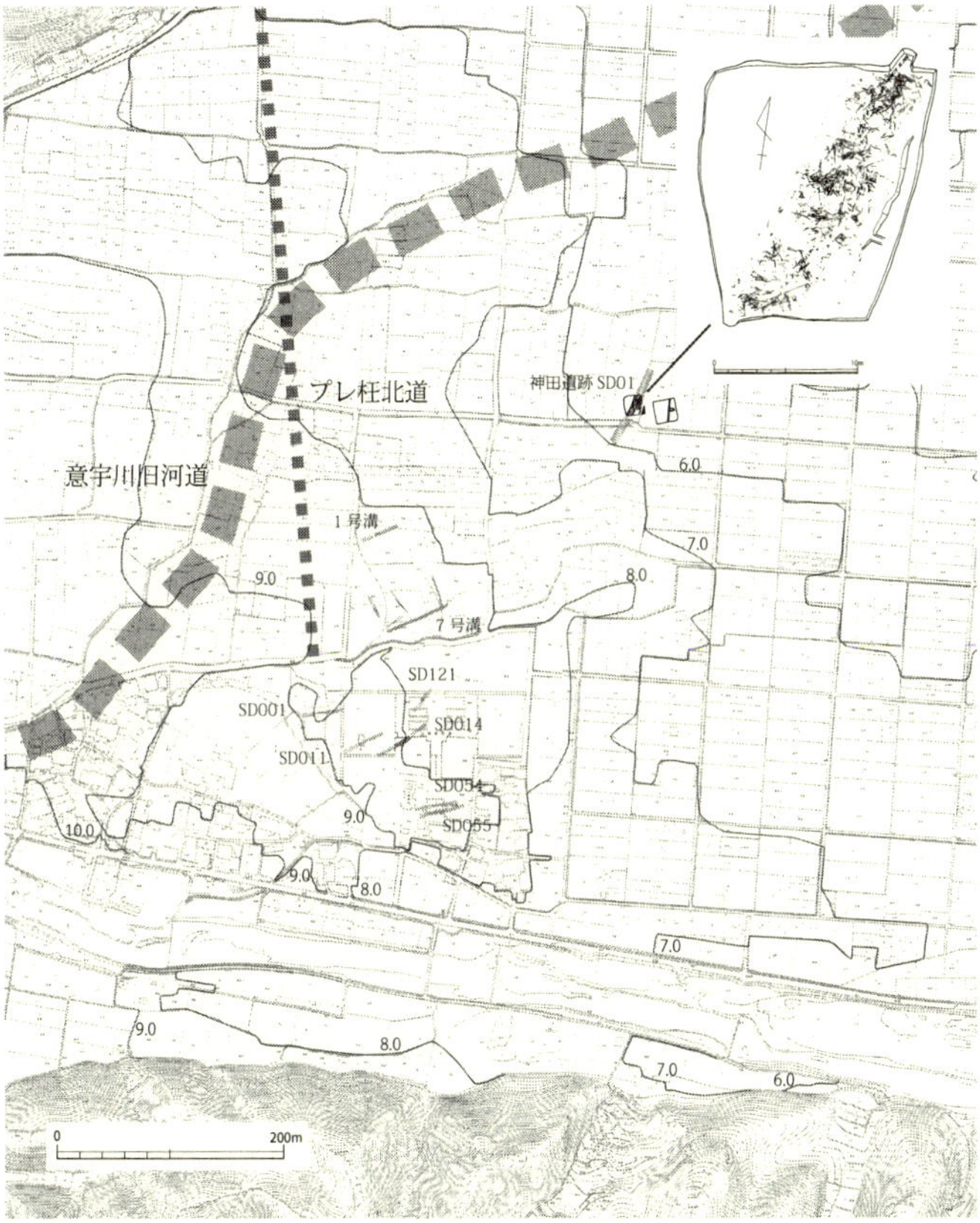

図７　出雲国府跡周辺の古墳時代溝

いったいどこから引いてくるのかということが問題になるわけです。というのは、河道Bはこれらの水路より低い場所を流れていますので、物理的にこの河道Bから水を引くことはできない。では、他に用水源があるのかと言えば、この南には大草丘陵が東西に延びており、現在でも小さい川ですら殆ど存在しません。ということは、やはりこれらの水路が掘られた五世紀の段階では、意宇川は現在の河道付近に流れていたか、もしくはこの場所に大規模な水路が掘削されていたとしか考えられない、というのが私の考えであります。このように、遺構・遺物からみた意宇平野の開発状況というのは、先程の意宇川の変遷過程とうまく合ってくるわけです。

四、水利形態の検討

次に、現在の意宇平野の水利形態をご紹介し、これまでの論点を深めたいと思います【図8】。現在の意宇平野では、意宇川に複数の堰を設けて南西から北東に向けて灌漑しているのですが、そのうち開発時期が判明しているのは最上流の釣井出《つりいで》水路で、一八世紀には開削されたことがわかっています。詳細は省略しますが、中井出《なかいで》水路と竹矢《ちくや》水路については中世初期に開発された用水と考えております。問題は江原《えばら》水路ですが、これは釣井出水路を除くと一番上流域に堰を設けています。一般論として上流に堰を設けるほど、豊富な水を確保でき、より広い範囲を灌漑することが可能となります。またこの水路は意宇川が屈曲する場所をなぞるように走っています。一般に堰というのはこうした屈曲部に設けると水が引きやすいと言われておりますので、意宇川の堰の中では最も条件の良い場所に立地していることから、開発が古く遡る可能性があるわけです。では、実際どこまで遡るのかということですが、先ほど少し紹介した大坪遺跡の調査成果が非常に重要になってくるわけです【図9】。大坪遺跡では六世紀初頭に埋没したＳＤ05という水路が発掘されていま

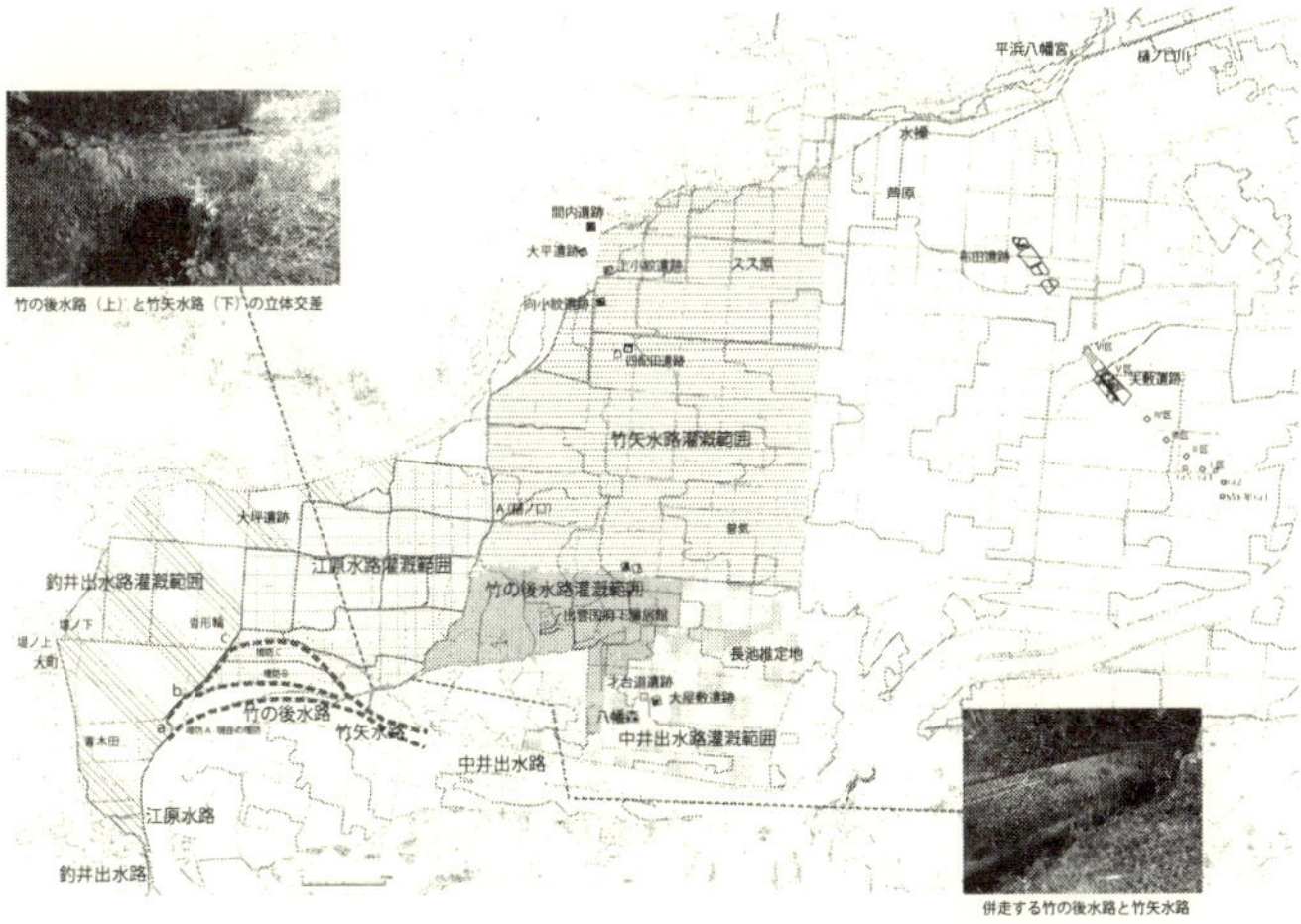

図８　意宇平野（大草町地内）の水利形態と遺跡

すが、これは現在の江原水路とほぼ併行して流れているのです。結論から言うと江原水路の原型というのは恐らく五世紀段階まで遡る可能性が高いと考えております。

最後に、今の国府付近を灌漑している竹《たけ》の後《うしろ》水路ですが、この開発時期を考える上で再度出雲国府下層の遺構との関係をみてみたいと思います。最初にふれたように、国府下層では大溝で方形に区画されていること、渡来系土器がたくさん出ていること、特殊な建物が存在する可能性がある等といった点から、いわゆる首長居館の可能性が高いと思っております。従来、首長居館と呼ばれているものは、大きい溝で囲まれることから軍事拠点的施設として考えられれ

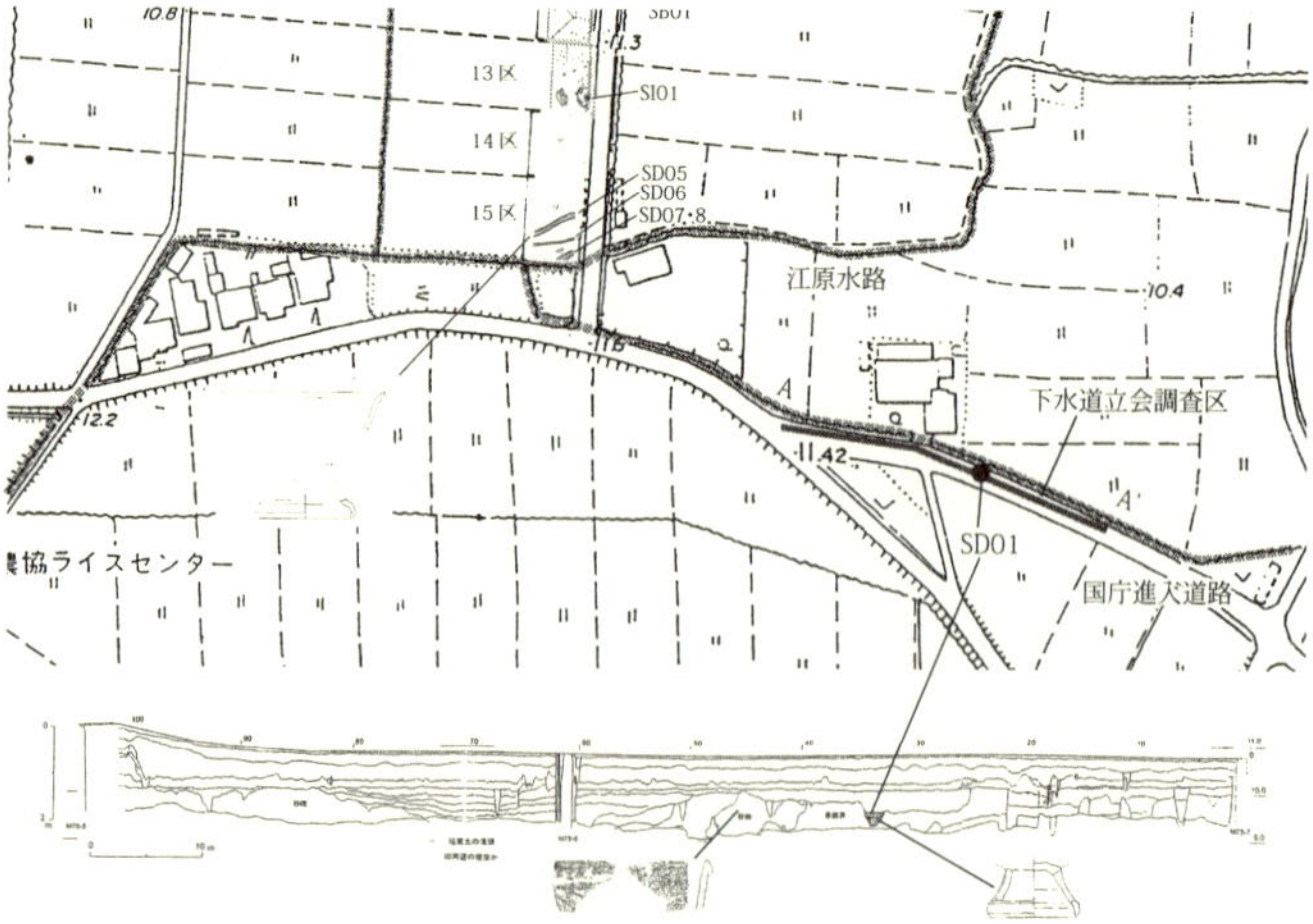

図９　江原水路と大坪遺跡

てきたわけですが、最近若狭徹さんのご研究で、水利開発の拠点施設であった可能性が指摘されています。群馬県の三ツ寺《みつでら》Ⅰ遺跡は大きな堀で囲まれた首長居館として著名な遺跡ですが、この堀自体が湧水源に作られ、さらに堀に自然河道を引き込み、堰を設けて水を制御し下流域に分水している事実がわかってきました。つまり、この三ツ寺Ⅰ遺跡の首長居館というのは、榛名山《はるなさん》麓の台地上を新たに開発するための拠点施設であると若狭さんは指摘されたわけです。この榛名山麓ではもう一つ重要な発見がありまして、これは能登健さんという方のご研究ですが、三ツ寺Ⅰ遺跡の近くに唐沢川《からさわがわ》という川が流れていますが、それを高い場

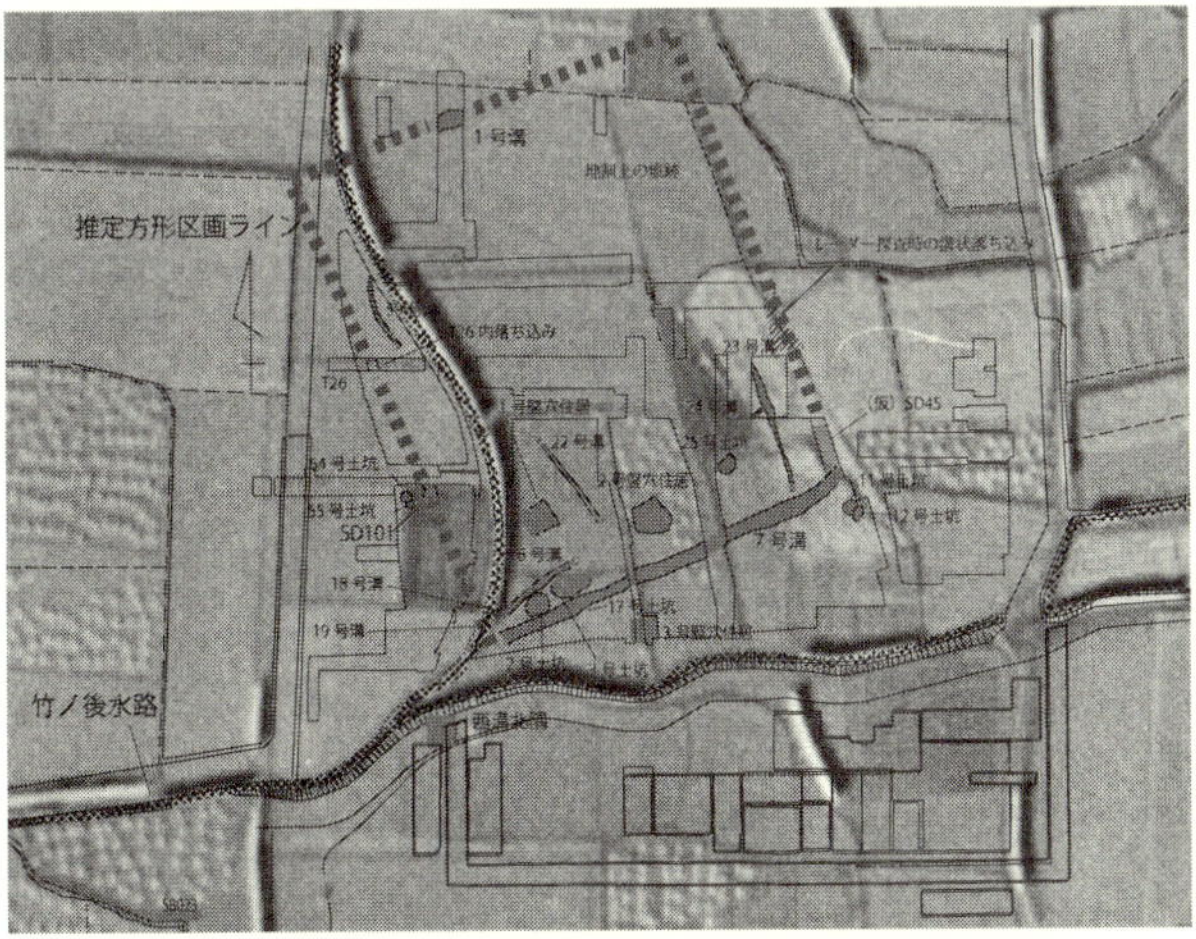

図10　出雲国府跡下層遺構群と竹の後水路との関係

所に付け替えて台地上の開発を行っていた、しかもその時期が、河道内に堆積した火山灰の年代から五世紀まで遡ることを指摘されたわけです。一般的に川の付け替えというのは近世の開発をイメージしがちなのですが、当然規模にもよりますが、既に五世紀段階で川の付け替えというのをやっているということが明らかにされたという点は、意宇平野の開発を考える上でも非常に注目されるところです。

改めて国府下層の首長居館を見てみます。まず注目したいのは現在の竹の後水路の分岐点がこの首長居館の南西隅と一致している点です【図10】。また現在は残っていませんが、米軍の空中写真には首長居館の南東隅につながる地割が認められ、現在の竹の後水路の分岐水路とつながっています。つまり、国府下層の首長居館は竹の後水路の前身と一体として設計されたもので、この水路のルーツは国府下層の首長居館の時期、つまり五世紀まで遡り、意図的に灌漑用水を首長居館の堀に引き込み、そこから用水を分水させることによって下流域の農業用水を掌握する、そういった機能を担っていたのではないかと想定しております。以上お話してきた、現在の水利体系の一部が五世紀まで遡るという話は、あくまで状況証拠でありまして、直接的な証拠というのは残念ながら見つかっておりません。ただ、水利の基本的構造というものは多くの利害関係が複雑に絡み合っていますので、余程強力な権力が介入しない限り劇的には変化しないことが中近世の水利体系に関する研究成果からも明らかにされています。つまり先程来述べてきた、五世紀の水路が現在の用水路と重なっている現象を偶然の産物として片づけることはできないのではないかと思っております。

五、五世紀開発論の再評価

では、これまで述べてきた五世紀の意宇平野の開発状況というものはどのように評価できるのか、同時期の畿内の様子と比較してみたいと思います。記紀には池溝《ちこう》開発記事がたくさん出てきますが、その多くは応神・仁徳（朝）といった五世紀代と推古朝《すいこちょう》の七世紀初頭に集中しています。これまでの古代史の研究では、五世紀の開発記事というのは推古朝のそれと重複していることから、七世紀の開発記事を遡らせて書かれたんだという考えが定説になっていました。ただ、現在の発掘調査の成果を考えれば、溝（用水）に関しては見直しが必要ではないかと思います。例をあげますと、一つは仁徳紀の感玖《こむく》の溝《うなで》に比定される有名な古市大溝《ふるいちおおみぞ》です。現在古市大溝に比定されている水路跡は、広瀬和雄先生が主張されるように推古朝まで降ることは間違いないと思います。しかしそれとは別に、伝応神陵を作る際にそこを流れている大水川《おおずいがわ》を付け替えていることが以前から指摘されており、これが仁徳紀の開発伝承として伝えられた可能性があります。次に履中紀に書かれた石上溝《いそのかみのうなで》ですが、これは奈良県天理市の布留《ふる》遺跡でそれらしい溝が実際に発掘されています。この溝は布留川が山間部から平野に出る場所から分岐する溝で、中世まで使われているのですが、最下層から五世紀後半の土器が出ておりますので、調査担当の方は日本書紀に書かれている石上溝でよいだろうとおっしゃっております。この他にも記紀の開発記事を裏付ける調査事例は幾つかありまして、五世紀の開発記事の一部については史実を反映している可能性が高いと思われます。

　記紀には載っていないのですが、意宇平野の開発を考えるのに参考となる事例として大阪府三島地方の安威川《あいがわ》のお話を

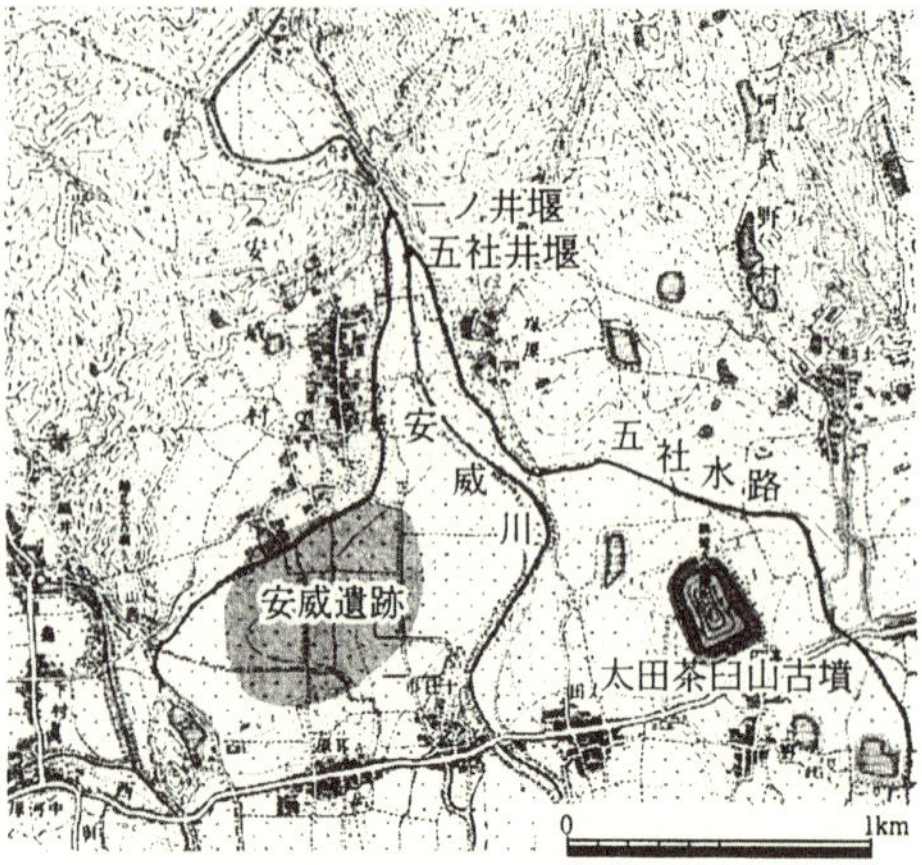

図11　安威川の堰と安威遺跡
（菱田哲郎「古墳時代の社会と豪族」
（『岩波講座日本歴史第1巻』岩波書店、2013年）より）

したいと思います【図11】。この安威川が山から流れてきて平野に出る所に一ノ井堰、五社井堰《ごしゃいせき》と呼ばれる二つの堰があります。直接的な開発時期はわかりませんが、注目されるのはこの右岸に位置する安威《あい》遺跡というのが一ノ井堰の灌漑水路に隣接しております。ここからは渡来系土器がたくさん出ておりまして、渡来人が定住していたと言われている遺跡です。ちなみに左岸の五社井堰の水は五世紀の太田茶臼山《おおたちゃうすやま》古墳の周溝を涵養《かんよう》しておりまして、やはり五世紀まで遡る可能性が指摘されています。以上の点から、安威川の用水開発には渡来人が深く関与していたことが読み取れるわけです。簡単に畿内の五世紀の開発状況についてご紹介しましたけれども、意宇平野の開発に非常に類似するものがいくつかございます。五世紀の開発パターンは幾つかありますけれど、典型的なのは先程の安威川や布留川のように、河川が山から平野に出る所に堰を設け、溝を掘るかまたは川を付け替えるかして、下流に広がる扇状地《せんじょうち》や低位段丘《ていいだんきゅう》を開発していく、その近くには渡来人の集落が存在している、そういうパターンが非常によく似ています。即ち、意宇川の水利開発というのは、いうなれば畿内の開発パターンを王権を介して地方に移植したものと捉えることができると思います。

冒頭にお話しした淤宇宿禰伝承とは、かいつまんで言いますと、淤宇宿禰という地方豪族が、五世紀前半の王権中枢を構成する皇子たちの間で右往左往している、そんな話なのですが、登場人物中の大鷦鷯尊《おおさざきのみこと》はともかく、太子である宇遅和紀郎子《うじのわきのいらつこ》やその弟の額田大中彦《ぬかたのおおなかつひこ》についてはその実在性が疑問視されている人物です。ただ近年の調査では、例えば宇遅和紀郎子ですとその王宮推定地付近の宇治市街《うじしがい》遺跡という所で渡来系の遺物がたくさん出ているとか、額田大中彦についても奈良県の額田東方《ぬかたとうほう》遺跡群で、やはり渡来系の遺物がたくさん出ていたりして、何らか史実の痕跡がありそうです。ですから彼らの実在性はともかく五世紀前半の倭王権中枢には、複数の王宮的な政治拠点が並立していた可能性は高いと思われます。そうした政治的拠点の近くには渡来人が集住していた痕跡があり、記紀には開発伝承が残されています。要は淤宇宿禰という地方豪族はこういった王権の主要メンバーと何がしかの交渉を持ちながら渡来人の持っている開発技術によって地域の開発を進めていった、そういった人物であったと言えるかと思います。いうなればこの淤宇宿禰伝承というのは、単なる出雲だけの話ではなくて、五世紀前半の倭王権の中枢の政治構造や、王権と地方との関係を考える上で非常に重要な伝承と考えられるわけです。

六、水辺の祭祀と開発

最後に視点を変えまして、五世紀の水辺の祭祀についてお話をしたいと思います。というのは、開発という行為自体が当時の人々の対自然観に多大な影響を与えていたと思われるからです。五世紀の出雲の水辺の祭祀の特徴としては、自然河道に対するアクセスが非常に頻繁になるということがあげられます。すべてはご紹介できませんので、ここでは意宇川流域の事例をご紹介します。意宇川の中流域に前田遺跡という川べりに位置する祭祀遺跡がございます。川には溝が取り付いていてその取り付き場所付近から大量の祭祀遺物が出土しています。恐らく本来は堰があって水位を上げて溝に流している場所、そういった井堰《いせき》を対象とした祭祀であったと考えております。祭祀遺物には大型の琴や頭椎大刀《かぶつちたち》の柄頭《つかがしら》など、非常に格式の高い祭祀具を使っているということから、恐らく当地の上位首長である出雲国造の祖先が関与した遺跡である可能性が高いと考えています。この遺跡は六世紀が中心ですが、遺物からみて五世紀後半まで遡ることは確実です。それから意宇川の河口付近に位置する夫敷遺跡で見つかった自然河道は、既にお話ししたとおり五世紀前半には埋没してしまうのですが、その際に大量の土器を廃棄しております。それらには丹塗りのものや高坏や坏といった供膳具《きょうぜんぐ》が非常に多い点、壺や高坏などで強く火を受けたものが沢山ある点などから、非常に祭祀的な性格が濃いと思っております。私は、川が埋没する過程で土器の廃棄行為が行われていることから、河川が廃絶するのに伴って何らかの祭祀行為を行ったのではないかと考えております。

今、意宇川の中流域と

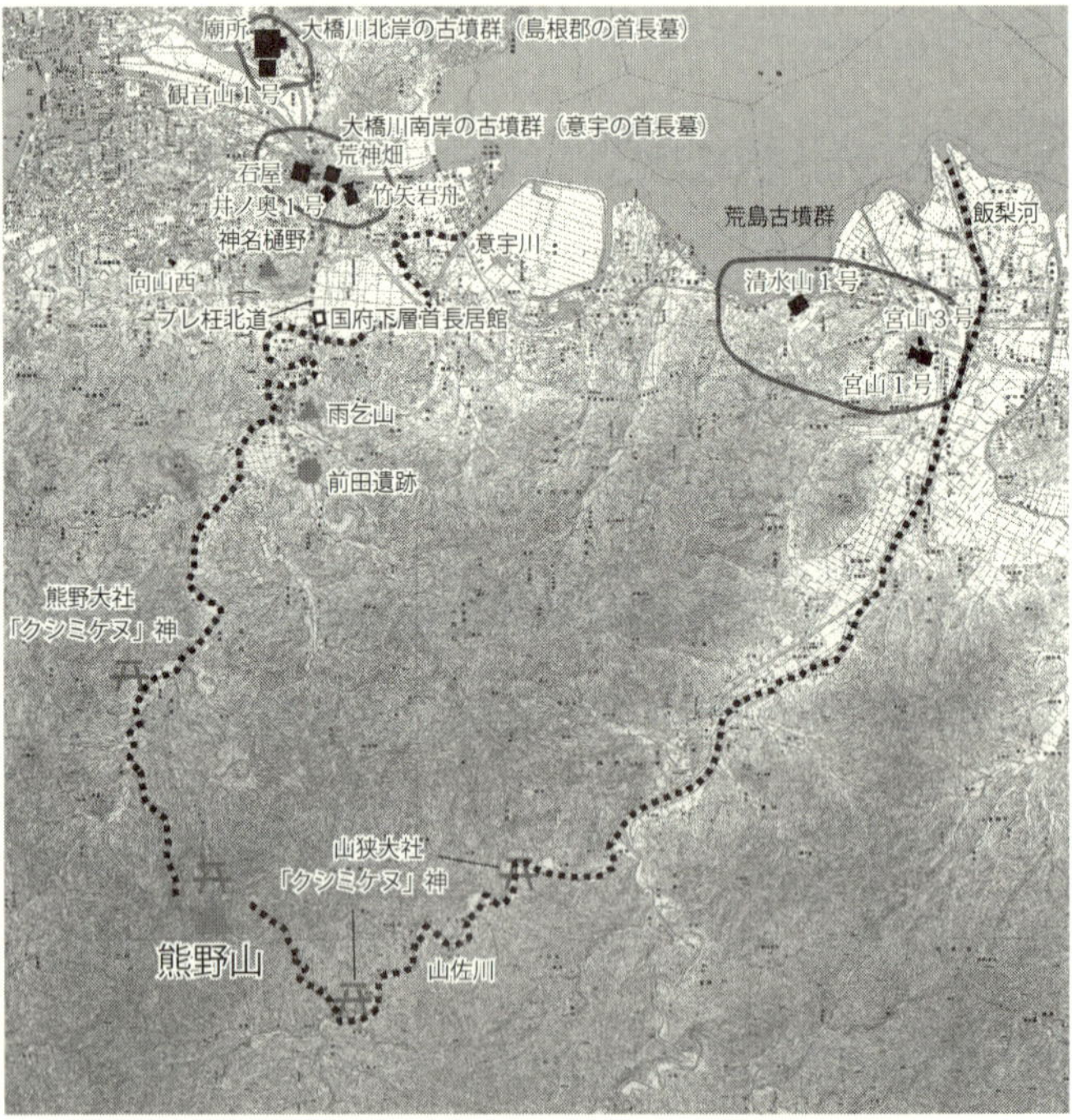

図12　熊野山と意宇川・飯梨川流域の神社・関連遺跡

河口域についてお話ししましたが、では水源はどうなんだということなのですが、意宇川の水源地は熊野山という山で、『出雲国風土記』によりますと、出雲国造が祭る熊野大神の社はこの山に鎮座していたと書かれているわけです【図12】。熊野大神は櫛御気野《くしみけぬ》命《のみこと》と呼ばれる神様で、その名前から農業神と考えてよいと思います。この祭祀がいつまで遡るかということはなかなか難しいのですが、先のように中流域や河口では五世紀の祭祀遺跡が見つかっていること、それから出雲市の大船山で五世紀代まで遡る水源地祭祀の事例が存在することからみて、熊野大神の祭祀も五世紀まで遡ることが想定されるわけです。こう考えると、五世紀代には意宇川の水源地から中流域、河口に至るまで一斉に水辺の祭祀が開始されていた、それは意宇平野の開発とまさに表裏一体の現象であったと評価できるかと思います。

この櫛御気野命を祭る神社が実はもう一つありまして、熊野山を挟んで東側に山狭《やまさ》神社という神社がございます【図12】。この神社の横には山佐川《やまさがわ》という川が流れていて、これも熊野山を水源とする川で、その下流は飯梨川《いいなしがわ》となり安来平野を涵養しています。そして意宇川と飯梨川の河口付近は、五世紀には大型方墳や前方後方墳が集中して営まれている地域であります。つまり、五世紀代の意宇川と飯梨川の流域においては、水源地を共有して同じ神様をお祀りし、同じ墳形の古墳を営むという、そういった首長連合が成立していた可能性が非常に高い。両地域は律令期の意宇郡中枢となる場所でありますが、そのルーツは五世紀代まで遡り、そこには河川灌漑というものが非常に重要な役割をはたしていたと想定されるわけです。

今お話ししてきた河川祭祀にみられるように、五世紀という時代はそれまでの自然に対しての受動的な立場から、自然に対して積極的に働きかけ制御していく能動的な立場へと変化していく時代と言えます。そして自然を克服し開発をなし遂げた首長の権力はこの段階で飛躍的に強化され、それが後の出雲臣氏による広域的支配に繋がっていく。そういった図式で理解することができるのではないかと思っております。

冒頭の設問に戻りますけれども、この淤宇宿禰が出雲臣の始祖として子孫に語り継がれる存在となった最大の理由としては、王権との緊密な関係のもと意宇川の灌漑システムの開発に成功し、権力基盤を確立したことが最も大きかったのではないかと考えております。論じ足りないところもありますが、以上で私の話を終わらせたいと思います。ご清聴ありがとうございました。

【第2部】出雲とヤマト

記紀・風土記伝承が語る出雲と葛城

古市　晃先生

一、はじめに

こんにちは。古市です。

最近、古代国家の成立過程で葛城氏の果たした役割の大きさに注目しているのですが、実はその葛城氏のお話の中に出雲とかかわる部分が相当あることに気がつきました。今回はこのことを中心にお話して、また吉備との関係も加えることで、出雲と倭王権・隣接地域との関係をみたいと思います。

今日のお話の主な素材は『古事記』と『日本書紀』ですが、これらは大体いつごろから信頼できる史料として使えるのか、ということが大きな問題となります。これについては、継体天皇、それからその子どもで安閑、宣化、欽明といった六世紀の前半くらいの天皇のお話からはそれなりに本当のことが書いてあるのではないか、と言われていますす。一方、それ以前の五世紀の仁徳天皇や応神天皇などの話は後の時代につくられたお話が多くて、そこから五世紀の実態を捉えるのは難しいと言われています。

しかし、そういった古い時代の伝承にも、慎重に検討することで五世紀や六世紀の実態が反映されているのではないかと考えています。『古事記』『日本書紀』に対する私の基本的な考え方です。

二、ホムチワケ王の物語とは

出雲と倭王権の関係を考える上で、これまで十分に注目されてきたとは言いがたい、ホムチワケ王と、アヂスキタカヒコネ神（アヂスキタカヒコ）、この二人の物語に注目することで見えてくる部分があるのではないかと考えています。古事記・日本書紀には、ホムチワケ王は、第十一代垂仁天皇の子とされています。

【史料二】は古事記にみえるホムチワケ出生の物語です。

ホムチワケの母親はサホ

古市　晃（ふるいち・あきら）**先生**

神戸大学文学部准教授
岡山大学文学部卒業。大阪市立大学大学院博士課程単位取得退学。専門は日本古代史。日本の古代国家の形成過程について「人が人を支配する仕組み」の切り口から研究を進める。著作に『日本古代王権の支配論理』（塙書房）など。

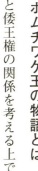

【史料二】『古事記』中　垂仁段

ここに天皇、「吾はほとほとに欺かえつるかも。」と詔りたまひて、すなわち軍を興して沙本毘古王を撃ちたまひし時、其の王、稲城を作りて待ち戰ひき。此の時沙本毘賣命、其の兄に得忍びずて、後つ門より逃げ出でて、其の稲城に納りましき。此の時、其の后妊身ませり。ここに天皇、其の后の懐妊ませること、及愛で重みしたまふこと三年に至りぬるに忍びたまはざりき。故、其の軍を廻して、急かに攻迫めたまはざりき。かく逗留れる間に、其の妊ませる御子既に産れましつ。（中略）また天皇、其の后に命詔りしたまひしく、「およそ子の名は必ず母の名づくるを、何とか是の子の御名をば稱さむ。」とのりたまひき。爾に答へて白ししく、「今、火の稲城を焼く時に當りて、火中に生れましつ。故、其の御名は本牟智和氣の御子と稱すべし。」と白しき。（後略）

ビメと言いますが、これは大和の佐保（現奈良県奈良市）に拠点を持っていた女性です。サホビメは垂仁天皇の后妃ですが、兄のサホビコにそそのかされて垂仁殺害を試みますが発覚し、兄共々佐保に立てこもります。その際、稲城というわらをずっと積み上げたとりでを築いて防戦するのですが、垂仁側はそれに火を放ちまして、二人は死んでしまうというお話が出てきます。その時に燃えさかる火の中でサホビメが子を生み、火中で生まれたことにちなんでホムチワケと名付けられたと記されています。

さてホムチワケは、火中出生のショックのせいか、大きくなってからもしゃべることができない皇子として話が続けられます。そのあたりのお話が【史料二】の①にみえます。ホムチワケのひげが胸のあたりまでずっと伸びてきて、立派な大人になったのですけれど、そうなってもまだしゃべることができなかった、とあります。

するとたまたまそこに鳥が飛んできた。史料の中には「鵠《くぐい》」と書いてありますね。これはハクチョウのことです。ハクチョウをたまたま見たら今まで黙っていたホムチワケがちょっと言葉を発した。それでは、ということで鳥を捕まえてきてみせたけれども、全然しゃべらなかったんですね。そうすると失意の垂仁天皇の夢枕にある神様が出てきてお告げをします。これが【史料二】の②のお話なんですが、その神が実は出雲の神だったということになります。

その出雲の神が、みずからの神社を天皇の宮殿のように修理してくれたら、ホムチワケはしゃべるようになるだろうと告げるわけです。それで、今度はホムチワケ王を出雲

【史料二】『古事記』中　垂仁段

①故、其の御子を率て遊びし状は、尾張の相津に在る二俣榲を二俣小舟に作りて、持ち上り來て、倭の市師池、輕池に浮かべて、其の御子を率て遊びき。然るに是の御子、八拳鬚心の前に至るまで眞事登波受。〔此の三字は音を以ゐよ。〕故、今高往く鵠の音を聞きて、始めて阿藝登比〔阿より下の四字は音を以ゐよ。〕爲たまひき。爾に山邊の大鶙〔此は人の名なり。〕を遣はして、其の鳥を取らしめたまひき。故、是の人其の鵠を追ひ尋ねて、木國より針間國に到り、亦追ひて稲羽國に越え、即ち旦波國、多遲麻國に到り、東の方に追ひ廻りて、近淡海國に到り、乃ち三野國に越え、尾張國より傳ひて科野國に追ひ、遂に高志國に追ひ到りて、和那美の水門に網を張りて、其の鳥を取りて持ち上りて獻りき。故、其の水門を號けて和那美の水門と謂ふなり。亦其の鳥を見たまはば、物言はむと思ほせしに、思ほすが如くに言ひたまふ事勿かりき。

②是に天皇患ひ賜ひて、御寝しませる時、御夢に覺して曰りたまひけらく、「我が宮を天皇の御舍の如修理りたまはば、御子必ず眞事登波牟。〔登より下の三字は音を以ゐよ。〕」とのりたまひき。如此覺したまふ時、布斗摩迩迩占相ひて、何れの神の心ぞと求めしに、爾の祟は出雲の大神の御心なりき。故、其の御子をして其の大神の宮を拜ましめに遣はさむとせし時、誰人を副へしめば吉けむとうらな

ひき。
③爾に曙立王卜に食ひき。（中略）爾に名を曙立王に賜ひて、倭者師木登美豊朝倉曙立王〔登美の二字は音を以ゐよ。〕と謂ひき。即ち曙立王、菟上王の二王を其の御子に副へて遣はしし時、那良戸よりは跛盲遇はむ。大坂戸よりも亦跛盲遇はむ。唯木戸ぞ是れ掖月の吉き戸とトひて出で行かしし時、到り坐す地毎に品遅部を定めたまひき。
④故、出雲に到りて、大神を拝み訖へて還り上ります時に、肥河の中に黒き巣橋を作り、假宮を仕へ奉りて坐さしめき。爾に出雲國造の祖、名は岐比佐都美、青葉の山を餝りて、其の河下に立てて、大御食獻らむとする時に、其の御子詔言りたまひしく、「是の河下に、青葉の山の如きは、山と見えて山に非ず。若し出雲の石硐の曾宮に坐す葦原色許男大神を以ち伊都玖祝の大廷か。」と問ひ賜ひき。爾に御伴に遣はさえし王等、聞き歓び見喜びて、御子をば檳榔の長穂宮に坐せて、驛使を貢上りき。爾に其の御子、一宿肥長比賣と婚ひしましき。
⑤故、竊かに其の美人を伺たまへば、蛇なりき。即ち見畏みて遁逃げたまひき。（中略）故、天皇歓喜ばして、即ち菟上王を返して、神の宮を造らしめたまひき。是に天皇、其の御子に因りて、鳥取部、鳥甘部、品遅部、大湯坐、若湯坐を定めたまひき。

に派遣して、出雲の神社に参拝させて修理させれば、きっとしゃべるようになるだろうということで、部隊をつくって出雲まで行くことになります。

その出雲行きのお話が【史料二】の③・④です。ただホムチワケを一人で行かせるわけにいかないので、曙立王《あけたつ》と菟上王《うなかみ》という二人の王と共に派遣するのですが、そのときにどこから出発するかが問題となり、占いが行われた結果、木戸がよいということになります。木戸は、【史料二】には樹木の「木」と書いていますが、これは紀伊のことです。出雲に行くのに何でわざわざ和歌山を回るのか、非常に遠回りなルートなんですが、ともかくも和歌山から出発していきます。

出雲に着いてからのお話が④です。④では、出雲の大神を拝みに行き、その帰りに肥河に寄ります。これは現在の斐伊川にあたります。そして「肥河の中」、つまり斐伊川の中州でしょうか、そこに宮をつくって、そこで出雲国造の祖先に当たるキヒサツミの饗応を受けたというお話が出てきます。

ここには、もう一人の興味深い人物が登場します。それが「肥長比売」という女性です。「肥」というのはやはり斐伊川のことだと思うのですが、この正体が⑤に出てきます。ホムチワケは肥長比売と一夜の契りを結ぶのですが、その正体は実は蛇だったということになります。それを知ったホムチワケは、驚いて逃げて帰ったと記されてこの物語は終わります。

三、ホムチワケ王の物語が意味するもの

以上のように、ホムチワケの物語は大変おもしろいのですが、あまりに伝承的な要素が多すぎて、これが実際にあった話だと考える人はほとんどいないと思います。ある人物が火の中から生まれてきたというようなお話は、古事記や日本書紀を書いた人のオリジナルな話ではなくて、中国の説話集にみえる火中出生譚《たん》が中国から日本に伝わってきて古事記の中に取り入れられたことが明らかにされています。そう考えますと、ホムチワケの実在性もうたがわしいということになってきます。

もう一つ問題を申しておきますと、ホムチワケが生まれたとされる佐保は、古代では和珥《わに》氏という豪族の拠点でした。和珥氏は天皇に何回も后妃を出している、王族と縁の深い豪族です。ホムチワケは叛逆の結果殺害されるサホビメの子ですから、他に叛逆伝承を持たない和珥氏の伝承としては異和感があります。そうなると、ホムチワケの物語はますますありそうもないことのように思われるかもしれませんが、これらの点を除く

としても、その中には酌み取るべきところがあるのではないかと思うのです。
まず注目したいのは、ホムチワケが出雲に行く際、各地に「ホムチ部」を設定したとあるところです。

部の本質はその名前がつくものに対する奉仕集団です。ホムチ部の場合は、ホムチという存在に対して奉仕する集団ということになります。古代の史料を見ていきますと、日本列島の各地にホムチ部の分布が確認できます。そういう目で見ていきますと、この話には伝承的な要素が多いとしても、直ちにホムチワケの実在性を否定することにはつながらないだろうと思うのです。

さらに日本列島の各地には、ホムチという地名があることに気がつきます。さしあたり重要なのは、現在の奈良県の二上山の麓にある当麻寺《たいまでら》近くにあったと思われる、大和国葛下《かつらぎしも》郡品治《ほむち》郷です。

つまり原則的に考えるならば、ホムチワケは大和の葛城のホムチにいた王族であり、ホムチ部はホムチの王宮に仕える集団ということになります。ホムチ部集団の存在は、ホムチワケ、つまりホムチの王宮を拠点とする王族の存在を事実と考えてよいのではないかという推測へと導きます。この点を考える上で力強い手がかりとなるのが、ホムチワケが出雲に向かって出発するときに選んだ地点です。

先ほどお話したように、それは木戸、紀伊が経由地として選ばれたということです。大和から紀伊へ抜けるときに、必ず通らないといけないのが葛城です。そうすると、ホムチワケと葛城との縁は大変深いということがうかび上がってきます。

つまり、古事記にみえるホムチワケの物語の中で、ホムチワケが火の中から生まれたとか、佐保で生まれたとかといった点は、後からつくられた話だと思いますが、ホムチの宮を拠点とする王族が葛城の勢力と深く結びついていて、さらに紀伊とも密接に関係していたということは、歴史的実態として認めることができると考えます。

四、アヂスキタカヒコネ神の物語

さらに、もう少し異なる視点から、ホムチワケが出雲と関係していることをうかがわせる史料があります。奈良時代に全国で作られた風土記は、書物としての体裁をとるものは現在五国分しか残っていないのですが、部分的な断片がいくつかの国に残っています。その残された断片のことを逸文《いつぶん》と言いますが、ここでは尾張国風土記逸文、丹羽郡吾縵《あづら》郷のお話をご紹介します**【史料三】**。

【史料三】尾張国風土記逸文　丹羽郡吾縵郷

丹羽郡　吾縵郷　巻向の珠城の宮に御宇しめしし天皇のみ世、品津別の皇子、生七歳になりて語ひたまはず、旁く群臣に問はすれども能言さざりき。乃の後、皇后の夢に、神ありて告りたまひしく、「吾は多具の国の神、名を阿麻乃彌加都比女と曰ふ。吾、未だ祝を得ず。若し吾が為に祝人を宛てば、皇子能言ひ、亦是、壽考からむ」とのりたまひき。帝、神覓ぐ人を卜へたまふに、日置部等が祖、建岡の君、卜食へり。即ち、神を覓がしめたまふ時に、建岡の君、美濃の国の花鹿山に到り、賢樹の枝を攀りて縵に造り、誓ひて曰ひしく、「吾が縵の落ちむ処に必ず此の神あらむ」といふに、縵去きて此間に落ちき。乃ち神あるを識り、因りて社を竪てき。社に由りて里に名づく。後の人訛りて、阿豆良の里と言ふ（『釈日本紀』巻十）

ここでホムツワケと記されている王は、ホムチワケと同じ人物を指します。ホムツワケもまた七歳になってもしゃべることができないのですが、垂仁天皇の后妃の夢にやはり出雲の神様のお告げがあります。ここに出てくる神は出雲大社につながるような神ではなく、多具《たく》の国のアマノミカツヒメという女神です。彼女はいまだに自分を祭ってくれる人がいないので、もし祭るならば、ホムツワケはよくしゃべれるようになるだろうと告げた、と記されています。

そこで、占いによって定められた建岡君という人物が美濃国の花鹿山《はなか》に出かけていって、榊の枝を集めて吾縵をつくった。吾縵とは冠を指します。それを投げて落ちたところに神様がいるだろうと述べて、花鹿山からぽんと吾縵を投げたわけです。それが飛びに飛んで現在の愛知県一宮市あたりまで行った。それでそこに神社をつくったというのがこのお話の由来です。神話のことですのでスケールが非常に大きいわけです。

このお話にもまた、出雲と同様に歴史的な実態を見出すことは可能なのでしょうか。**【史料四】**をご覧ください。出雲国の楯縫郡に多久《たく》村があり、そのお話が出てきます。そこには神名樋《かんなび》山という山があって、アヂスキタカヒコ命の后であるアマノミカジヒメという神が出てくるんです。このアマノミカジヒメというのは、先ほどごらんいただいた**【史料三】**のアマノミカツヒメと大変よく似ています。多具の国と楯縫郡の多久にアマノミカツヒメ、あるいはアマノミカジヒメという神がいることが確認できるわけです。その神の夫がアヂスキタカヒコです。

【史料四】『出雲国風土記』楯縫郡神名樋山条

神名樋山　（中略）往の側に小き石神百餘ばかりあり。古老の傳へていへらく、阿遅須枳高日子命の后、天御梶日女命、多久の村に來まして、多伎都比古命を産み給ひき。その時、教し詔りたまひしく、「汝が命の御祖の向壮に生まむと欲ほすに、此處ぞ宜き」とのりたまひき。謂はゆる石神は、即ち是、多伎都比古命の御託なり。旱に當りて雨を乞ふ時は、必ず零らしめたまふ。

アヂスキタカヒコがどのような神であるかをくわしく記しているのが、**【史料五】**出雲国風土記の仁多郡三沢郷のお話です。

大穴持命の御子にアヂスキタカヒコ命という神がいて、大人になってひげが長く伸びても話すことができなかった。ある日、大穴持命の夢の中でアヂスキタカヒコが何か話したと思って目が覚めると、確かに「御澤」といって、三澤の地まで父を連れていった、というお話です。つまり、出雲国風土記のアヂスキタカヒコの物語は、先ほど見てきました古事記のホムチワケの物語と大変よく似ているのです。しかも、多久のアマノミカジヒメの物語の共通性からすれば、ホムチワケとアヂスキタカヒコはほとんど同じような存在として描かれている、というところに興味を感じるわけです。

【史料五】『出雲国風土記』仁多郡三沢郷条

三澤の郷　郡家の西南のかた廾五里なり。大神大穴持命の御子、阿遲須枳高日子命、御須髪八握に生ふるまで、夜晝哭きまして、み辭通はざりき。その時、御祖の命、御子を船に乘せて、八十嶋を率て巡りてうらがし給へども、猶哭き止みまさざりき。大神、夢に願ぎ給ひしく、「御子の哭く由を告らせ」と夢に願ぎませば、その夜、御子み辭通ふと夢見ましき。則ち、寤めて問ひ給へば、その時「御澤」と申したまひき。その時「何處を然いふ」と問ひ給へば、即て、御祖の前を立ち去り出でまして、石川を度り、坂の上に至り留まり、「是處ぞ」と申したまひき。その時、其の澤の水活れ出でて、御身沐浴みましき。故、國造、神吉事奏しに朝廷に參向ふ時、其の水活れ出でて、用ゐ初むるなり。此に依りて、今も産める婦は、彼の村の稲を食はず、若し食ふ者あらば、生るる子已に云はざるなり。故、三澤といふ。即ち正倉あり。

五、アヂスキタカヒコと葛城

アヂスキタカヒコの正体を考える上でもう一つの重要な情報は、出雲国風土記の意宇郡賀茂神戸条です。ここにはアヂスキタカヒコは、葛城の賀茂の社に坐すと記されています。

全国で公に祭るべき神様の名前を書き上げた『延喜式』神名帳の中には、大和国 葛上《かつらぎかみ》郡に高鴨《たかがも》阿治須岐《あぢすき》託彦根《たかひこね》命《のみこと》 神社があります。つまりアヂスキタカヒコは、出雲と大和で共通して葛城の神であるという認識があったわけです。

また古事記にみえる大国主命の系譜には、「阿治須岐託彦の神は今迦毛《かも》大御神というなり」と記されています。古事記で「大御神」と記されるのは、アヂスキタカヒコの他はアマテラスオオミカミとイザナキの神の二例のみです。そしてアマテラスオオミカミもイザナキも皇室の祖先であることが注目されます。このことからすれば、すでに指摘されていることですが、アヂスキタカヒコと王族の間にも、一定の関係を考える必要があることになります。ではなぜ葛城の神、アヂスキタカヒコが王族と関係があるのか。私の理解では、先ほどのホムチワケとの共通性が鍵となってきます。つまり、葛城と深いつながりをもつホムチワケという人が実在して、王族を名乗っていた時期があるとすれば、王族の祖先神として葛城神が深く敬われる時期があったとしてもおかしくないと考えます。結論的に言えば、このホムチワケというのは限りなくアヂスキタカヒコに近い存在、ほぼ一緒だと考えていいのではないかと思います。そしてそれは葛城勢力というものを反映していることからすれば、ホムチワケは葛城出身の王と考えてよいだろうと思うわけです。

六、『出雲国風土記』と葛城氏

ここまでお話したホムチワケやアヂスキタカヒコの伝承は、五世紀代の葛城勢力と出雲の地域社会の関係を反映した現象として、かなりの実態性を帯びた話だと思います。そこで、アヂスキタカヒコについて、もう少し検討したいと思います。

出雲国風土記の中ではアヂスキタカヒコのお話は、主に出雲の西部に分布しています【図1】。例えば神門郡塩冶郷。ここは斐伊川の流域であるということに留意したいのですが、ここにアヂスキタカヒコ命の御子、鹽冶毗古能命《やむやびこのみこと》がいたことによって「やむや」の地名がついた、という地名伝承が載っています。これは基本的にはアヂスキタカヒ

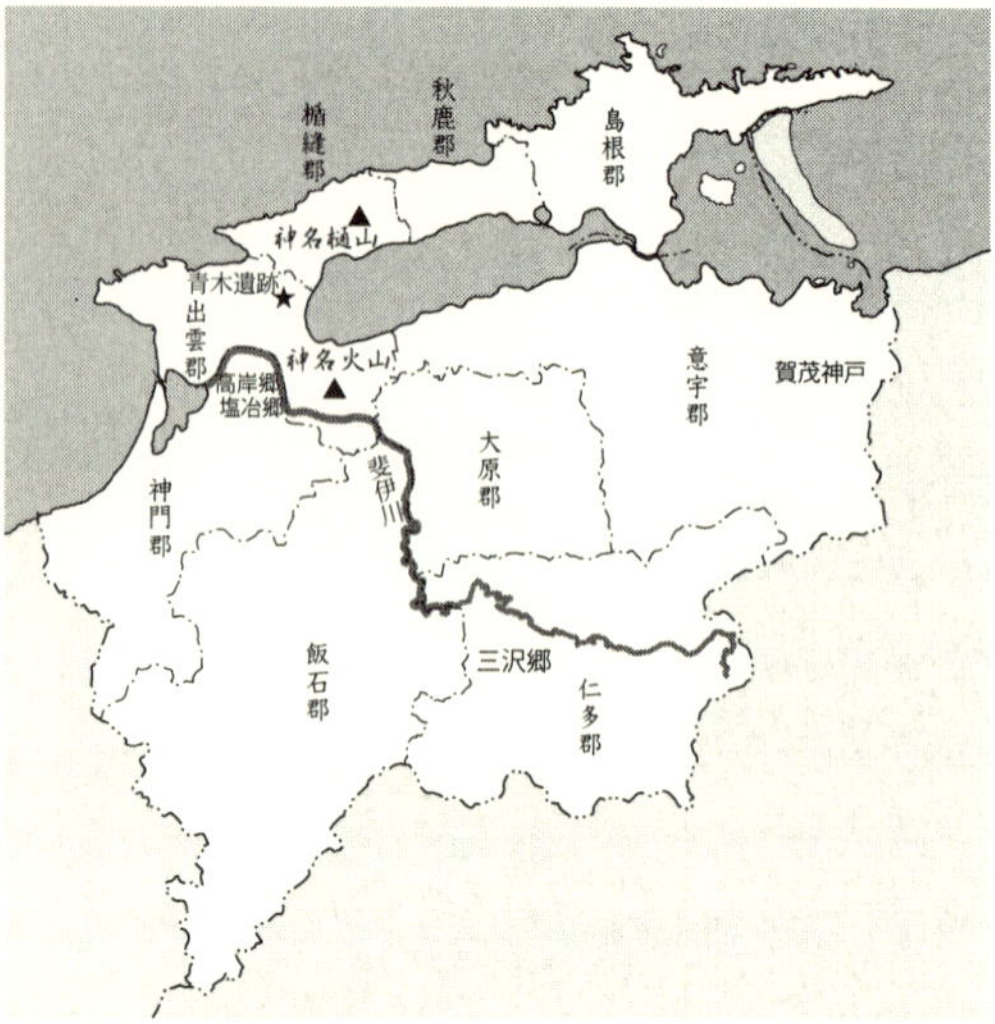

図１　出雲国のホムチワケ・アヂスキタカヒコ関係地

コに代表される葛城氏がこのあたりにやってきて、この地域の神、つまり地域勢力を制圧したという事情がこのお話のもとになっているのだろうと思います。

塩冶郷に近接して高岸郷があります。そこにやはりアヂスキタカヒコがいて、高いところまでハシゴをかけ、それを昇り降りしてアヂスキタカヒコをあやしたという話が出てきます。

さらに先にみたように、アヂスキタカヒコの妻とされたアメノミカジヒメは楯縫郡に到来したとされていますから、これもまた出雲の西部の話といえます。

【史料二】でもお話しましたが、ホムチワケが出雲に行ったときに斐伊川の中州で食事を用意したのは出雲国造の祖、キヒサツミでした。そのキヒサツミによく似た、キヒサカミという神がいるんですが、その神を祭っている山は出雲郡の神名火山《かんなび》、現在の出雲市の仏経山に当たります。とすると、ホムチワケやアヂスキタカヒコにかかわるお話というのは、出雲西部に集中して見えるということになります。

そうしますと、アヂスキタカヒコ、ホムチワケに反映される葛城勢力が、五世紀代に出雲の西部に集中的に力を投下してそこを治めようとしていたということが読み取れるのではないかと考えられます。

七、倭王権と出雲

さて、以上にみてきたアヂスキタカヒコとホムチワケの話と、古事記・日本書紀に描かれた倭王権と出雲の関係を示す伝承は合理的に理解できるのか、ということが問題になるんですが、私は実はうまいこと整合するのではないかと考えています。そのことを示すのが、出雲の反乱伝承と言われているものの一つ、**【史料六】**です。

崇神天皇の時、天皇が出雲の大神の宮に伝わっている神宝を見たいと言い出します。その神宝を管理している出雲振根《ふるね》という人がいるんですが、たまたま筑紫、北部九州に出かけていて留守だったんです。ちなみに出雲振根は出雲臣の祖先とされているので、

【史料六】『日本書紀』崇神天皇六〇年七月己酉条

群臣に詔して曰はく、「武日照命〔一に云はく、武夷鳥といふ。又云はく、天夷鳥といふ〕の、天より將ち來れる神寶を、出雲大神の宮に藏む。是を見欲し」とのたまふ。則ち矢田部造の遠祖武諸隅〔一書に云はく、一名は大母隅といふ〕を遣して献らしむ。是の時に当りて、出雲臣の遠祖出雲振根、神寶を主れり。是に筑紫国に往りて、遇はず。其の弟飯入根、則ち皇命を被りて、神寶を以て、弟甘美韓日狹と子鸕濡渟とに付けて貢り上ぐ。既にして出雲振根、筑紫より還り來きて、神寶を朝廷に献りつといふことを聞きて、其の弟飯入根を責めて曰はく、「數日待たむ。何を恐みか、輙く神寶を許しし」といふ。是を以て、既に年月を經れども、猶根忿を懷きて、弟を殺さむといふ志有り。仍りて弟を欺きて曰はく、「頃者、止屋の淵に多に萎生ひたり。願はくは共に行きて見欲し」といふ。則ち兄に隨ひし往く。是より先に、兄竊に木刀を作れり。形眞刀に似る。当時自ら佩けり。弟眞刀を佩けり。共に淵の頭に到りて、兄の、弟に謂りて曰はく、「淵の水清冷し。願はくは共に游沐みせむと欲ふ」といふ。弟、兄の言に従ひて、各佩かせる刀を解きて、淵の邊に置きて、水中に沐む。乃ち兄先に陸に上りて、弟の眞刀を取りて自ら佩く。後に弟驚きて兄の木刀を取る。共に相撃つ。弟、木刀を抜くこと得ず。兄、弟の飯入根を撃ちて殺しつ。故、時人、歌して曰はく、

や雲立つ出雲梟帥が佩ける太刀黒葛多巻きさ身無しにあはれ

是に、甘美韓日狹・鸕濡渟、朝廷に參向でて、曲に其の状を奏す。則ち吉備津彦と武渟河別とを遣して、出雲振根を誅す。故、出雲臣等、是の事に畏りて、大神を祭らずして間有り。（後略）

出雲国造家の祖先だと認識されているんだと思います。そのとき出雲にいたのは弟の飯《いい》入根《いりね》ですが、飯入根は天皇の命令に従ってしまいます。そうすると、筑紫から帰ってきた兄振根は激怒しまして、何で私が帰ってくるまで待てなかったんだ、と弟をなじるわけです。古代で何かを見るということは、その土地やものを支配するということなんです。古代の儀式の一つで国見というのがありますけれど、何で高いところに上がって国を見るかというと、それは自分の支配領域を眺めて確認するということなんですね。

出雲の大神の神宝を天皇の使者が見るということは、振根にとってはゆるがせにでき

ない問題です。そこで怒った振根は弟には木刀を持たせ、自分は真剣を持ってだまし打ちにするという話が出てくるんですが、そういったお話は多分後からこの物語にリアリティーを持たせるためにつくったお話だろうと思います。

このお話の舞台となったのが「止屋淵《やむやのふち》」です。止屋淵というのは、先ほど斐伊川流域と述べた神門郡の塩冶郷、その斐伊川の淵のことではないかと思いますが、そこで兄が弟を殺すという話が出てくるわけです。このお話には後日談があり、天皇の命令に従った弟を殺した振根は、吉備津彦《きびつひこ》と武渟河別《たけぬなかわわけ》の二人によって殺害されたというお話です。これは倭王権と出雲の国造につながっていくような勢力との対立伝承とされているわけですが、それが斐伊川流域で起こっていることに私は大きな意味があるのではないかと思います。

【史料七】『日本書紀』仁徳即位前紀応神四一年二月条

是の時に、額田大中彦皇子、将に倭の屯田及び屯倉を掌らむとして、其の屯田司出雲臣が祖、淤宇宿禰に謂りて曰はく、「是の屯田は、本より山守の地なり。是を以て、今吾、将に治らむとす。爾は掌るべからず」といふ。時に淤宇宿禰、太子に啓す。太子、謂りて曰はく、「汝、便ち大鷦鷯尊に啓せ」とのたまふ。是に、淤宇宿禰、大鷦鷯尊に啓して曰さく、「臣が任れる屯田は、大中彦皇子、距げて治らしめず」とまうす。大鷦鷯尊、倭直が祖麻呂に問ひて曰はく、「倭の屯田は、元より山守の地と謂ふは、是如何に」とのたまふ。對へて言さく、「臣は知らず。唯し臣が弟吾子籠のみ知れり」とまうす。是の時に適りて、吾子籠、韓国に遣されて未だ還ず。爰に大鷦鷯尊、淤宇に謂りて曰はく、「爾躬ら韓国に往りて、吾子籠を喚せ。其れ日夜兼ねて急に往れ」とのたまふ。乃ち淡路の海人八十を差して水手とす。爰に淤宇、韓国に往りて、即ち吾子籠を率て來り。因りて倭の屯田を問ひたまふ。對へて言さく、「傳に聞る、纏向玉城宮御宇天皇の世に、太子大足彦尊に科せて、倭の屯田を定めしむ。是の時に、勅旨は、『凡そ倭の屯田は、毎に御宇す帝皇の屯田なり。其れ帝皇の子と雖も、御宇すに非ずは、掌ること得じ』とのたまひき。是を山守の地と謂ふは、非ず」とまうす。時に大鷦鷯尊、吾子籠を額田大中彦皇子のもとに遣して、状を知らしむ。大中彦皇子、更に如何にといふこと無し。

次に**【史料七】**のお話です。仁徳天皇のときに、応神天皇の子額田大中彦《ぬかたのおおなかつひこ》が、倭の屯田《みた》と屯倉《みやけ》を奪おうとして、出雲臣の祖、淤宇《おう》宿禰の訴えによって阻止されるというお話がみえます。淤宇宿禰は出雲国意宇《おう》郡（現島根県松江市）に拠点を持っていた人だと思いますが、彼の訴えにより、由来を知る吾子籠《あごこ》が召し出されることになります。吾子籠は倭直《やまとのあたい》という豪族の祖先とされています。吾子籠は韓国《からくに》（朝鮮半島）にいて、日本にいなかったのですが、呼び戻して話を聞いたところ、吾子籠は倭の屯田と屯倉は天皇のもので、ほかの王族のものではないと述べた、というお話です。

倭直という豪族は若倭部《わかやまとべ》という支配民を持っています。したがって吾子籠が若倭部を支配するのは正当ですが、直接掌握しているわけではなく、淤宇宿禰に管理させているのです。淤宇宿禰が倭までやってきて、そこにいる若倭部を管理し、倭屯田を耕作させているという関係があります。

そして若倭部は出雲にもたくさんいるんですが、特に多いのが神門郡と出雲郡という出雲西部であることが注目されます。出雲西部の人々が倭に支配されるときに、その間を取り持っているのが淤宇宿禰といえます。とすると、出雲の東部勢力と西部勢力の関係というようなものが少し見えてくるのではないかと思うわけです。

八、葛城・吉備と出雲

若倭部や倭直は、もともとは大阪湾岸にいた海にかかわる集団なんです。そして葛城氏は、朝鮮半島に渡ってその権益を独占しつつ勢力を伸ばしていった豪族です。日本書紀には、葛城襲津彦《そつひこ》という人が朝鮮半島に渡り、技術者たちを連れ帰ったというお話があります（神功皇后摂政五年三月己酉条）。襲津彦は五世紀に活躍した実在した人物の可能性が高いとされていて、朝鮮半島に渡っていってさまざまな活動をしています。

このように葛城氏と倭直・若倭部は大変深い関係にあっただろうと思うのですが、さらに吉備との関係も持っています。日本書紀の雄略天皇のときのお話に、吉備上道臣《かみつみち》田狭《たさ》という人が妻の稚媛《わかひめ》の美貌を宮中で自慢したところ、雄略天皇は田狭を朝鮮半島に派遣してその間に稚媛を手に入れたというお話があります。ただし日本書紀のこのお話には別伝があり、田狭の妻は毛媛《けひめ》といい、襲津彦の孫であったが、その美貌を聞いた雄略は田狭を殺して自分の妻としたという話です。

結論は同じような形なのですが、別伝が重要なのは、五世紀を代表する地域勢力の吉

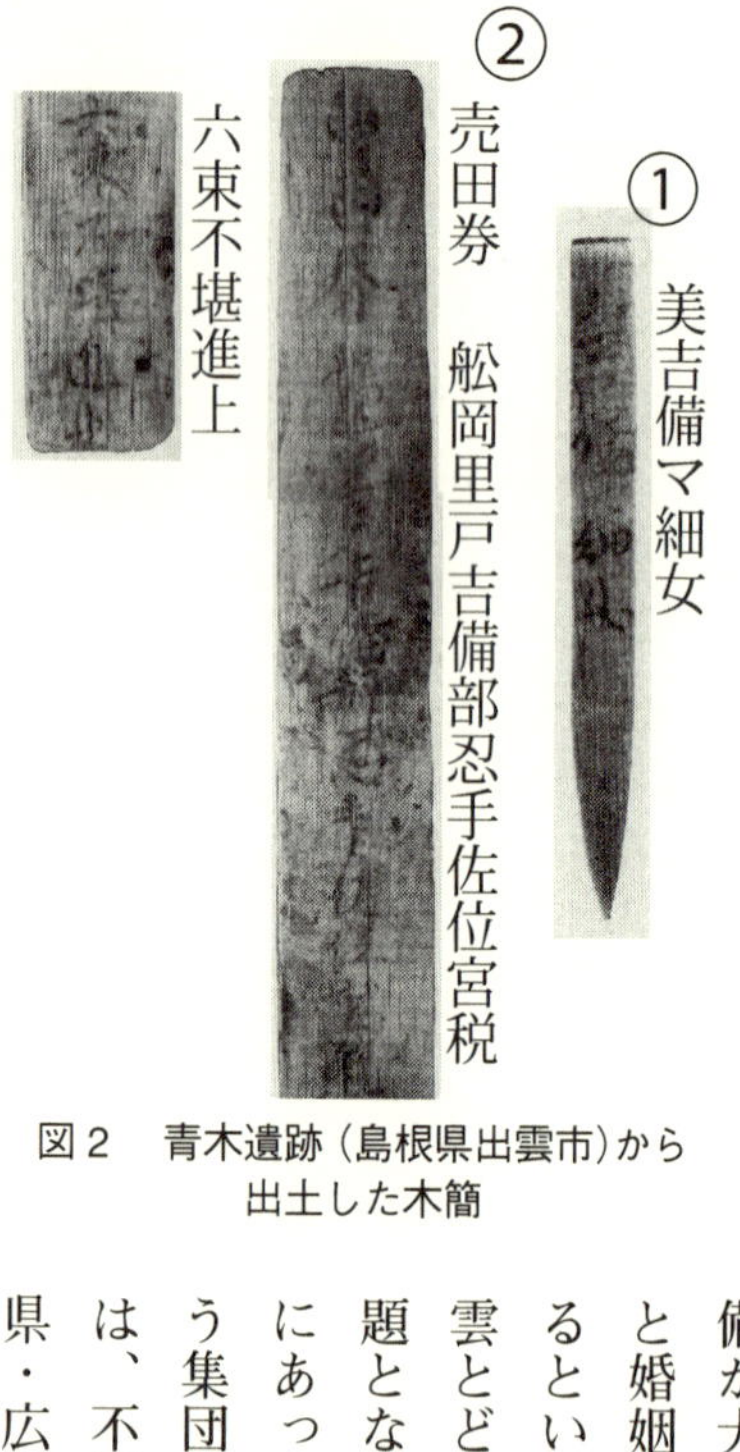
①
美吉備マ細女
②
売田券　舩岡里戸吉備部忍手佐位宮税
六束不堪進上

図２　青木遺跡（島根県出雲市）から出土した木簡

備が大和最大の豪族である葛城と婚姻関係によって結ばれているということです。この点が出雲とどう関係しているのかが問題となります。吉備氏の支配下にあったとみられる吉備部という集団があります。その吉備部は、不思議なことに吉備（岡山県・広島県の東部）にはいないんです。先ほどから葛城の勢力が出雲西部に集中すると言っていますが、実は吉備部がいるのも出雲西部です。

それを示す史料が【図２】です。青木遺跡は、神社ではないかと言われている建物が見つかっている他、たくさんの木簡や墨書土器が出土したことでも知られています。その中にこんな木簡があります。①には「吉備部細女」と書いてあります。②は土地の売買にかかわる長い木簡なんですが、これも真ん中あたりに「吉備部忍手」

という名前が出てきます。こうした事例から、吉備部の集団が出雲西部にいたということがわかってくるわけです。

青木遺跡がある出雲の西部には葛城氏が入り、支配を進めていくと先に言いましたが、葛城氏は単一の勢力として入ってきたのではないでしょう。吉備の勢力もまた南から出雲を侵食してくるというようなことが見えてくるのではないでしょうか。つまり、これまで検討してきた史料が示しているのは、葛城と吉備の連合勢力による出雲統合の過程ではないかと考えます。

九、おわりに

古墳時代から飛鳥時代にかけて、日本列島主要部を支配した政権を、私たちは「倭王権」と一口に言ってしまいますが、その中には吉備・葛城などいろんな地域、いろんな勢力がいて活躍しているわけで、その動向を詳しく検討すると、倭王権も当初から一枚岩のまとまった勢力ではなかったのではないか、ということが見えてきます。日本列島諸地域の支配者集団が倭王を中心に専制的な体制を作り上げるのはもう少し後の話で、五世紀代にはまだ自立した諸勢力が維持された、緩やかな連合政権の段階にとどまっていたというのが実態だったのではないかと思います。さらに、出雲でもこの段階では決して一つにまとまった勢力は生まれておらず、再編される過程にあったのではないでしょうか。そういうものが中央権力が強大化していくときに、その中に巻き込まれるような形で、出雲の東部と西部の統合が図られていく、といった姿が見えてきたのではないかと考えます。

記紀・風土記の伝承や神話が、後世の知識によって大きく書き変えられたものであることは明らかで、この点を充分に注意する必要があります。しかし一方で、それらを慎重に検討するならば、五世紀にさかのぼる諸勢力の対立・抗争の歴史を見出すことも不可能ではないでしょう。今回は、出雲を舞台として、葛城、吉備、出雲の諸勢力のせめぎ合いをお話いたしました。ちょうど時間になりましたので、これでお話を終わりたいと思います。御清聴ありがとうございました。

【第3部】出雲国風土記の世界

風土記説話と出雲の地域社会

平石　充

一、はじめに

島根県古代文化センターの平石と申します。短い時間ではございますが、どうぞよろしくお願いをいたします。

本題の前に、まず、神話をどう捉えるかという問題がまずあろうかと思います。もちろん神話というのは、世界の成り立ちを当時の人から見て超常的に説明するお話でございまして、過去の事実そのものでは当然ないわけです。古代の人がこう考えていた、特に『古事記』や『日本書紀』の場合、編さんした人たちがこういうようなことを考えていたというのは確実ですが、実社会や社会の持つ歴史との関係があるのか非常に判断が難しいです。

一つ例を挙げます。【史料一】の藤原宮出土の木簡は「出雲評支豆支《きづき》里」、すなわち杵築大社（今の出雲大社）の所在地から「須々支《すずき》」、魚のスズキ（鱸）を、「大贄《おおにえ》」、すなわち天皇の食膳用に納めた時の

【史料一】藤原宮出土の出雲評支豆支里荷札木簡

出雲評支豆支里大贄煮魚　須々支

175×19×4　031

荷札です。

「評」という記載から七〇一年以前に作られたことがわかるので、この木簡は『古事記』が完成する前のものです。これだけ見ると何のことやらと思うんですけど、実は『古事記』の中に、大国主神に随う櫛八玉《くしやたま》神が須々支を天《あま》つ神に奉ったという話が出てくるんです。天つ神の子孫が天皇ですので、七世紀に実際に支豆支から須々支が天つ神の子孫である天皇に運ばれていたわけで、その事実を神話化したのが、『古事記』の櫛八玉神による天つ神への須々支の貢納ではないかと思います。このように、当時おこなわれていた神祭りの起源を説明する神話を祭儀神話と言い

平石　充（ひらいし・みつる）

島根県古代文化センター専門研究員
國學院大学文学部卒業、同大学院博士課程中退。修士（文学）。専門は日本古代史。著作に「出土文字史料からみた古代の島根」、「青木遺跡と地域社会」（共著）、『解説出雲国風土記』（共著）ほか。

ます。現在、『古事記』の神話を祭儀神話と捉える考え方については否定的な研究が多いのですが、須々支の事例は『古事記』に祭儀神話的部分があることを窺わせます。

このように、神話に書いてあることと現実の歴史というのは、現実の社会と全く無関係かというとそういうことではないんですね。じゃあ、どこまで関係があるかというのは、緊張関係があると私たちは言っていますけど、神話が実社会に一〇〇％対応しているとか、反対に全く反映せず、編纂者の頭の中だけを反映しているとも言えないんだと思うんです。それは一つ一つやっぱり丹念に見ていくしかないというところであります。

二、『出雲国風土記』の国引き神話

さて、続いて『出雲国風土記』（以下『風土記』）の神話を見ていきたいと思います。『風土記』で最も有名な神話が今の松江市南部に当たる意宇《おう》郡の由来を説明した国引き神話です【史料二】。

現代語的に説明をいたしますが、意宇というゆえんは、八束水臣津野命《やつかみずおみづぬ》という神様がいまして、その人が言うには、「八雲立つ出雲国は小さい国だ」と、「狭い布のような国で小さくつくったんだ」と。それじゃあ国をふやしていこうということで、志羅紀《しらぎ》を見

【史料二】『出雲国風土記』意宇郡条

意宇《おう》と号《なづ》くる所以《ゆえ》は、国引き坐しし八束水臣津野命《やつかみずおみづののみこと》、詔《の》りたまひしく、「八雲立つ出雲の国は、狭布《さぬ》の稚国《わかくに》なるかも。初国小く作らせり。故、作り縫はな」と詔りたまひて、「拷衾志羅紀《たくふすましらぎ》の三埼を、国の余りありやと見れば、国の余あり」と詔りたまひて、童女《おとめ》の胸鉏《むねすき》取らして、大魚《おおうお》の支太《きだ》衝き別けて、波多須須支《はたすすき》穂振り別けて、三身《みつより》の綱《つな》打ち挂《か》けて、霜黒葛《しもつづら》闇耶闇耶《くるやくるや》（繰るや繰るや）に、河船の毛曽呂毛曽呂《もそろもそろ》に、「国来《くにこ》、国来」と引き来縫へる国は、去豆《こづ》の折絶《たえ》よりして、八穂米支豆支《やほしねきづき》の御埼なり。かくて堅《かた》め立てし加志《かし》は、石見国と出雲国との堺なる、名は佐比売山《さひめやま》、是なり。

亦、持ち引ける綱は、薗の長浜、是なり。

亦、「北門《きたど》の佐伎《さき》の国を、国の余ありやと見れば、国の余あり」と詔《の》りたまひて、童女の胸鉏取らして、大魚の支太衝き別けて、波多須須支穂振り別けて、三身の綱打ち挂けて、霜黒葛闇耶闇耶に、河船の毛曽呂毛曽呂に、「国来、国来」と引き来縫へる国は、多久《たく》の折絶よりして、狭田《さだ》の国、是なり。

亦、「北門の良波の国を、国の余ありやと見れば、国の余あり」と詔りたまひて、童女の胸鉏取らして、大魚の支太衝き別けて、波多須須支穂振り別けて、三身の綱打ち挂けて、霜黒葛闇耶闇耶に、河船の毛曾呂毛曾呂に、「国来、国来」と引き来縫へる国は、宇波の折絶よりして、闇見《くらみ》の国、是なり。

亦、「高志《こし》の都都《つつ》の三埼を、国の余ありやと見れば、国の余あり」と詔りたまひて、童女の胸鉏取らして、大魚の支太衝き別けて、波多須須支穂振り別けて、三身の綱打ち挂けて、霜黒葛闇耶闇耶に、河船の毛曾呂毛曾呂に、「国来、国来」と引き来縫へる国は、三穂の埼なり。持ち引ける綱は、夜見《よみ》島なり。固堅め立てし加志は、伯耆《ほうき》国の火神《ひのかみ》岳、是なり。

「今は国引き訖《お》へつ」と詔りたまひて、意宇杜《おうのもり》に御杖衝《みつえつき》き立てて「意恵《おえ》」と詔りたまひき。故、意宇という。謂はゆる意宇杜は、郡家《ぐうけ》の東北の辺、田の中にある塾《こやま》、是なり。周り八歩許《ばかり》、其の上に木ありて茂《しげ》れり。

ると国の余りがあるので、そこから童女の胸のような鋤（スコップのこと）で、大魚の支太《きだ》（えら）を切り裂くように土地を切り取って、大きな綱をかけて、藤ヅルを引くように、それから川舟を引くようにゆっくりゆっくりと、「国来《くにこ》、国来」と、国を持って

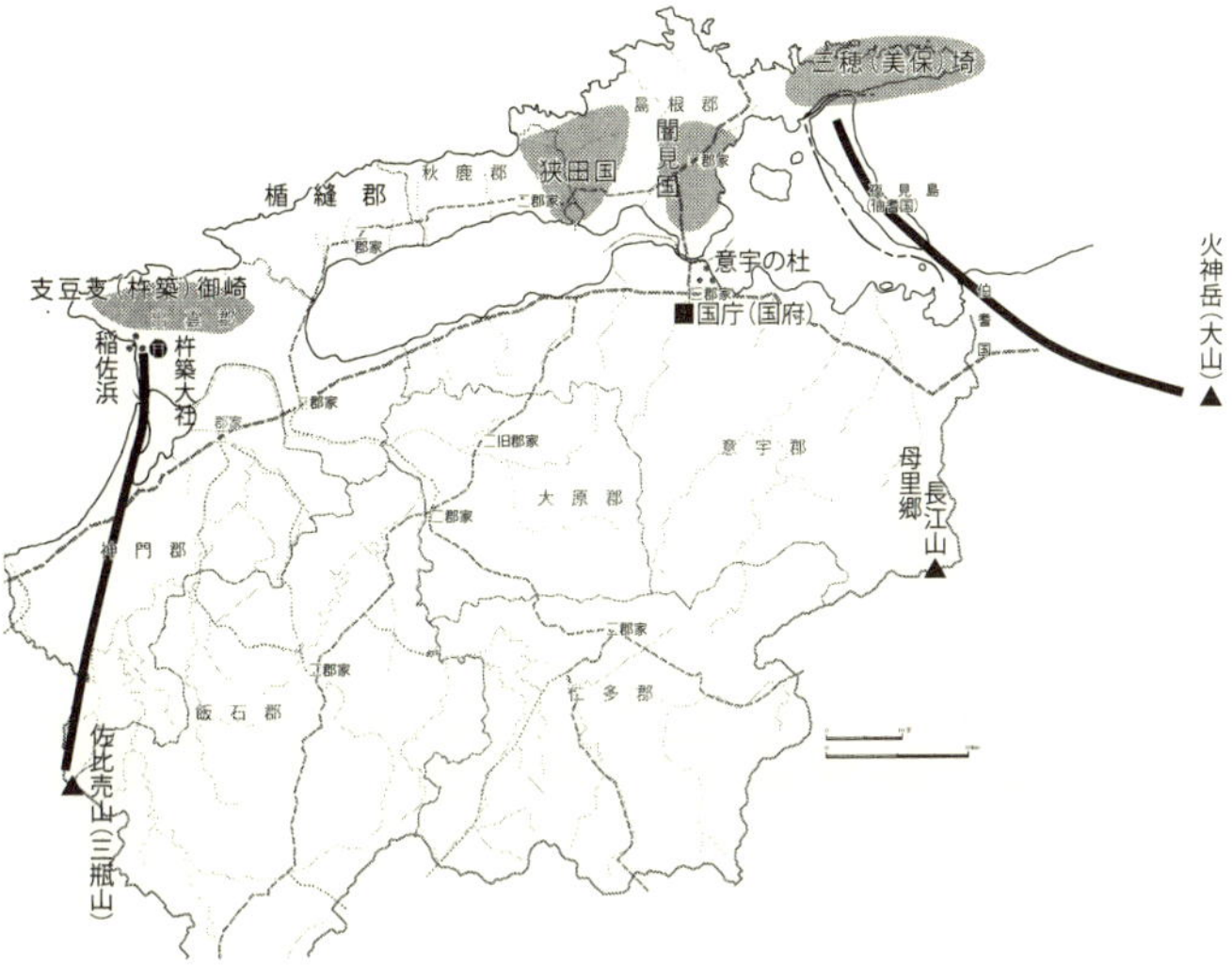

図１　国引き神話の舞台

くる持ってくると言って引っ張ってきたところが、八穂米支豆支《やほしねきづき》の御埼、つまり今の日御碕周辺である、というものです。そして、これをつなぎ止めた杭が佐比売《さひめ》山、今も非常に大きい、三瓶《さんべ》山と言っている山ですが、標高一・一〇〇メーターぐらいあるよく目立つ山です。つなぎとめた綱が薗の長浜というところでありまして、それが綱なんだというような話ですね【図2】。

　私もこれ見てつくづく思うんですが、よくこういう発想が出たなと思います。私たちは地図を見ると「へえ」と思うんですが、当時は地図と

図２　佐比売山（三瓶山）と薗長浜

かないわけですから、当時の人は土地をよくよく知っていて、こういう発想したというのはやっぱりすばらしいことだと思うんですが、そういうふうに言って出雲の国土、国をつくっていったという話です。国引き神話はそのあと同じように、北門《きたど》（隠岐とするのが有力）の佐伎国・良波国を、能登半島からは都都《つづ》（珠洲《すず》）をひき寄せてつなぎ合わせて島根半島を作ったと言うことになります。

それで、最後に、意宇社《おうのもり》というところに杖をついて、そこで「おえ」というふうに神様が言ったというんですね。ここら辺がなかなか苦しい駄洒落みたいな感じですが、意恵《おえ》から意宇《おう》、すなわち意宇郡の名前がついたというものです。この意宇の杜は松江市に三箇所ほど推定地がありますけど、当時の政治の中心地であった出雲の国府や意宇郡の郡役所の東北にあったとされます。

この神話、どういう神話なのかというと、まず、国土創世の神話だということですね。これは重要です。国土創世神話はもちろん『古事記』や『日本書紀』にもあり、イザナギ、イザナミが矛を垂らして、矛から落ちた滴が島になったというのが『古事記』のほうでありまして、『日本書紀』にはその前に陰陽が分かれていないころ大地が分かれたみたいな中国的な説明があるのですけども、そういうものと全く別な国土創世であります。

この国土創世は日本列島全体のことを指すかというと、当然そういうわけではありませんで、あくまで出雲なわけですね。そもそも意宇郡の説明なのにもかかわらず「八雲

図３　意宇杜伝承地

立つ出雲の国は初国小さくつくらせり」、すなわち「出雲の国」の創世の神話です。さらに、その舞台は中海・宍道湖圏です。出雲は南のほうもあって、島根県では雲南三郡《うんなんさんぐん》と言っているんですけども、広島県境に近い山のほうの話は、実はこの国引き神話には出てきません。行政区分の出雲国ではないんですね（以下「出雲の国」と呼ぶ）。あとは八束水臣津野命という、余り聞きなれない神様が主人公です。

それでは、『風土記』全体から見ると、国引き神話はどんな神話か。ひとことで言うと、非常に丁寧に扱われている神話だということです。『風土記』は、元々神話から説き起こして現在の社会のなりたち説明した『古事記』などとは異なり、あくまで地誌です。なので、神話は地名の説明のために必要な部分が引用されるだけで、全体像は記されていません。ところが、この国引き神話は起承転結がすべてあるうえ、同じ言葉を四回も繰り返しています。また「もそろもそろに」「国来、国来」のように、あらすじを紹介しているのではなく話し言葉をそのまま書いているようです。もちろん、ひと続きの条文としては『風土記』最長であり、やはり別格の神話なのです。先に述べた、国引き神話の舞台の範囲と合わせると、中海・宍道湖圏からなる「出雲の国」のなりたちを、地元の言葉で書いた土着性の強い神話だ、と言えます。一言で言えば、出雲で非常に重要な神話として扱われています。

三、八束水臣津野の性格

つぎに、この神話の主人公ヤツカミズオミヅヌについて考えてみたいと思います。この神は『古事記』『日本書紀』では影の薄い神で、『古事記』の須佐乃男命と大国主神の系譜の中に名前だけ淤美豆奴《おみづぬ》神というのが出てきます。これに対して、『風土記』では国引き神話以外に四ヵ所に登場します【史料三〜七】。とくにそのうち三例に「国引きましし（ヤツカミズ）オミズヌ」とみえ、このような修飾語を付けて呼ばれる神は『風土記』では他に「所造天下大神大穴持命《あめのしたつくらししおおかみおおなむち》」、すなわちオオクニヌシ（今回は『日本書紀』の話が多いので、『日本書紀』での呼び名オオナムチとします）だけです。

【史料三】『出雲国風土記』出雲国号

出雲と号《なづ》くる所以《ゆえ》は、八束水臣津野命《やつかみずおみづぬ》詔りたまひしく、「八《や》雲《くも》立《た》つ」と詔《の》りたまひき。故、八雲立つ出雲と云ふ。

【史料四】『出雲国風土記』島根郡条

島根と号《なづ》くる所以《ゆえ》は、国引き坐《ま》しし八束水臣津野命《やつかみずおみづぬ》の詔りたまひて、名を負せ給《たま》へるなり。故、島根と云ふ。

【史料五】『出雲国風土記』出雲郡杵築《きづき》郷条

杵築郷　郡家の西北二十八里六十歩なり。八束水臣津野命《やつかみずおみづぬ》の国引き給ひし後、所造天下大神《あめのしたつくらししおおかみ》の宮へ奉らむとして、諸々の皇神等、宮処に参り集いて杵築きたまひき。故、寸付といふ。神亀三（七二六）年、字を杵築とあらたむ。

【史料六】『出雲国風土記』出雲郡伊努《いぬ》郷条

伊努郷。郡家の正北八里七十二歩なり。国引き坐しし意美豆努命《おみづぬ》の御子、赤衾伊《あかぶすまい》努意保須美比古佐委気《ぬおほすみひこさわけ》能命の社、即ち郷の中に坐せり。故、伊農《いぬ》と云ふ。神亀三年字を伊努と改む。

【史料七】『出雲国風土記』神門郡神門水海《かんどのみずうみ》

神門水海《かんどのみずうみ》。郡家の正西四里五十歩なり。周り三十五里七十四歩あり。裏《うち》には即《すなわ》ち、鯔魚《なよし》・鎮仁《ちぬ》・須受枳《すずき》・鮒《ふな》・玄蠣《かき》あり。即ち水海と大海の間に山あり。長さ二十二里二百三十四歩、廣さ三里あり。此は意美豆努《おみずぬ》命の国引き坐しし時の綱なり。今、俗人号けて薗の松山といふ。（下略）

【史料八】『出雲国風土記』意宇《おう》郡母理《もり》郷条

母理《もり》郷。郡家の東南三十九里一百九十歩なり。所造天下大神《あめのしたつくらししおおかみ》大穴持《おおなむち》命、越《こし》の八口を平け賜《たま》ひて還り坐しし時、長江山に来坐して詔りたまひしく、「我が造り坐して命《うしわ》く国は、皇御孫《すめみま》命、平世《やすくに》と知らせと依《よ》さし奉《まつ》り。但、八雲立つ出雲国は、我が静まり坐さむ国と、青垣山廻らし賜ひて、玉と珍《め》で直し賜ひて、守りまさむ」と詔りたまひき。故《かれ》、文理《もり》と云ふ。神亀三年に、字を母理と改む。

そして他にどこに出てくるかというと、一つはなんと出雲国の由来で、『風土記』では彼が八雲立つと言ったから出雲と言うんだ、と説明されます【史料三】。ご存じの方も多いかもしれませんが、『古事記』や『日本書紀』では「八雲立つ出雲」と言ったのはスサノオになっていますから、『風土記』はそれと大きく違いますし、ヤツカミズオミズヌの位置づけが極めて高いことが窺えます。また今の松江市北部にあたる島根郡も、八束水臣津野命が名づけたと書かれています【史料四】。

このほか、出雲の西部、現在の出雲市に当たる地域でも登場しますが、全体としてみるとやはり意宇郡と島根郡の命名神になっているというのは重要で、『風土記』で、出雲国の東側ですね、松江市側の方を中心とした神様なんだと思います。この出雲東部は何かというと、『風土記』の編纂者で、『風土記』編纂当時最有力の豪族であった出雲国《いずもこく》造出雲臣《そういずものおみ》の本拠地がある場所です。国引き神話にみえるまさに意宇の杜の周辺が出雲臣の本拠地でありまして、意宇郡の神様、そして意宇郡とその北側にある島根郡の神様ということで理解できると思います。

四、『出雲国風土記』の「国」

次に、国引き神話にでてくる「国」について、さらに突っ込んでお話ししたいと思います。この出雲の国は、前に述べたように、地域としては今の中海・宍道湖圏をさす

「出雲の国」です。また、「八雲立つ…」と付けるとすぐ「出雲の国」となる、一連のフレーズの「国」です。『出雲国風土記』ではこの八雲立つの意味は全く説明されていませんが、もう少し説明を加えた話が『常陸国風土記』の中に出てきます。

ここでは、常陸国は「直道」、直線の道路に由来するという話（たぶんこちらが正しいのでしょう）と同時に、「風俗《くにひと》の諺《ことわざ》」にいわく、「筑波《つくば》岳《ね》に黒雲《くろくも》挂《かか》り、衣袖漬《ころもでひたち》の国」だという「八雲立つ出雲」と同じ、フレーズでの説明もあります。「風俗の諺」というのは地元の人の言い習わし、ということですので「衣袖漬の国」は、そういう地元の人々が使っている概念であり、「八雲立つ出雲の国」も、同じような地元の人々の概念と見なせると思います。

もう一つ、国引き神話の途中で北門の佐伎《さき》の国とか、闇見《くらみ》の国とかの国が出てまいります。これは何なのかということなんですけども、これもやはり出雲でのみ通用する小地域を指す地元の概念だと思います。国引き神話を見ますと、国を引いてきた先の出雲以外の地域については、実は志羅紀とか高志（北陸地方を指す）は国と言ってないんですね。北門については佐伎国・良波国と言っていますが、北門は今でいうところの隠岐諸島と推定されています。実際は、隠岐諸島については出雲国造が一定程度支配権を持っていたと推定されますので、そこだけが「国」が使われていて、志羅紀や高志とは異なります。おそらく、出雲国造が支配している地域以外のことについては、「国」とは表記しないのでしょう。

高志について言うと、『風土記』でも意宇郡以外、神門《かんど》郡では「古志《こし》国」が使われているんですけど、国造がいた意宇郡では必ずコシは「高志」とか「越の八口」とかしか書かないのです。意宇郡に関して言うと、「国」とはあくまで出雲で通用する地元の概念で、出雲の国の中には小さい国が幾つかあった、それをまとめていくというのが国引き神話の主張なのです。国引き神話というのは、まさに、八雲立つ出雲の国が、さらに小地域にあたる「国」をまとめ形成されたという地元の人々にとっての国土創世神話だったわけです。

五、国引き神話の世界観

さらに『風土記』全体から出雲の国引き神話がどのように位置づけられているのか検討したいと思います。国引きの神話をめぐるストーリーには後日談があるわけです。すなわち杵築郷の伝承【史料五】を見ると、国引きの後に所造天下大神（オオナムチ）の宮が杵築に造られます。杵築大社、今の出雲大社のことですね。ここでは、国引きはオオナムチの話より前にあるということですね。まずヤツカミズオミヅヌ、次にオオナムチなのです。

似たような話が、実は『播磨国《はりまのくに》風土記』にあります。播磨国も、『出雲国風土記』と同じように奈良時代の風土記が残っている国で、なおかつ『出雲国風土記』よりも古いんですね。播磨の場合は風土記が七一五年頃に作られたと言われていますので、編さん命令が七一三年に出て、割と早くにつくったということです。そこには宍禾《しさわ》郡（現兵庫県宍粟市）伊和《いわ》村というところがありまして、伊和村は「大神、国作り訖《お》へまして以後、曰ひしく、「於和《おわ》」」と書かれています。

この大神は伊和大神《いわのおおかみ》という神で、播磨国の一宮伊和神社の神様で、今も宍粟市一宮町に鬱蒼とした社地がございます。播磨国では非常に大きな力を持っていた神様で、『播磨国風土記』を見ると、播磨の西部に当たる揖保川流域に数多く登場し、まさに播磨における所造天下大神に当たる神様です。大神が国づくりを終えたときに於和と言ったので、於和（転じてイワ）という地名になったという筋だと思うんですよね。これはまさに先程の国引き神話の、国を引いてきて意恵と言ったので意宇になったと同じような筋書きです。

さらに宍禾郡の郡名由来を見ますと、「宍禾と名づける所以は、伊和の大神、国作り堅め了《お》へましし以後、山川谷尾を堺《さか》ひに巡り行でましし時、大きなる鹿、己が舌を出して」云々という話が出てきます。これは宍禾という名前は鹿の舌にちなんだという説明ですが、その話よりも最初のところですね、伊和大神が国づくりを終えた後に、実は山・川・谷・尾を「堺ひに巡り行でましし」という話があります。国づくりを終えた後に神様が活動を始めるということですね。最初にその地域の有力な神様が国づくりをすると、その後に神様が国の山川とか峰とか、そういうところを巡行していく、ぐるぐるめぐるという神様の活動が始まるというような、こういう世界観です。

これは構造としては出雲も同じ話だと思います。ただし、出雲では国を造った神がヤツカミズオミヅヌで、その後巡行する神がオオナムチと別々の二柱の神になり、二重の構造を持っています。

ここで出雲では国づくりというのは何なのかということを、また一回戻って考えてみたいと思います。先に説明したとおり、国引き神話は「出雲の国」の国造りです。

では、『風土記』には日本列島を全体を指す、日本国のような国の創成はありやなしやということなんですが、じつは『風土記』にも出てくるんですね。それが意宇郡母理《もり》郷条という条文です【史料八】。

意訳しますと、所造天下大神《あめのしたつくらししおおかみ》大穴持《おおなむち》命（オオナムチ）が越《こし》の八口を平らげた。越の八口ってどこだかよくわからないんですが、北陸のほうにあって、八口というところを平らげて帰ってきたところ、そこで山の上に登って、私がつくってきた国は、皇御孫命、これはもう天皇のことです。天神の子孫であるところの天皇にお譲りします、平和な国として奉ります。ただし、八雲立つ出雲の国は私が静まる国として、そこだけは青垣をめぐらせて玉とめでて守っていきますよ、という話であります。

ここに出てくる最初の国は、後で「八雲立つ出雲の国」だけは自分で守ると言っているわけですから、これは『古事記』・『日本書紀』の神話に出てくるような日本列島、葦《あし》原中国《はらのなかつくに》という概念でありますけども、要するに今のヤマト政権が支配している地域全体を指す言葉だと思います。ここで注目すべきは、『風土記』で日本列島を指す国に関わるのはオオナムチであること、後段では「出雲の国」とも関わっていることです。出雲の国造り神話は、先に述べたように二重の構造を持っているのですが、出雲の国造りのなかに日本の国造りが結びついていて、その導入となるのがオオナムチなんですね。

六、『日本書紀』と『出雲国風土記』

このように、出雲世界の歴史と日本列島全体の歴史を結びつけているのが、オオナムチです。このオオナムチは『風土記』では、多くの場合「所造天下大神《あめのしたつくらしししおおかみ》」として登場するのですが、この「天下」については、もちろん本来は中国から入ってきた言葉ですが、出雲のオオナムチの世界を言うという考え方と、やはり天皇の治める日本列島全体を指す「天下」であるという理解があります。この問題にはこれ以上立ち入りませんが、いちおう後者の立場でお話しします。

さて、『風土記』の歴史観では、国引きが終わった後に杵築郷で皇神(すめがみ)たちが杵築大社の造営をしたという話をしました【史料五】。この明確に時間設定されている杵築大社の造営が『日本書紀』と『風土記』にどのように書かれているのか問題にしたいと思います。

杵築大社の造営については、『日本書紀』の神代巻下の第九段第二の一書《あるふみ》に詳しく書かれています【史料九】。『日本書紀』という本は、本文とは別に一書、「あるふみ」と言っていますけど、別な伝承、異伝を掲載しています。この第九段というのは、いわゆる国譲り神話を書いた部分です。そこに一書が六つほど採用されていますけども、その中の二番目にある一書に杵築大社の成立が一番明確に語られています。

国譲り神話というのは、皆さんも御存じの方が多いと思いますが、オオナムチがつくってきた国、葦原中国《あしはらのなかつくに》という国の支配権を、天神が神様を遣わして、オオナムチから譲るように交渉します。結論的には葦原中国の支配権はオオナムチから天皇の先祖に委ねられたというストーリーでありますます。

【史料九】を見ますと、タカミムスヒの命令によってフツヌシとタケミカヅチが遣わされますが、最初オオナムチは拒みます。そこでフツヌシが戻ってタカミムスヒに言うと、タカミムスヒは、「オオナムチが言うのももっともだ」として、そのあとに、現世の支配権については私の子孫が治める、つまり天皇家がこれを治め、そのかわりに「汝は以て神事を治すべし」ということで、オオナムチは神事を治めるんだと言います。また、その代償として、天日隅宮《あめのひすみのみや》という神の住まいを早速造りますよ、と言うわけですね。「千尋《ちひろ》」、尋というのは長さの単位です。「拷縄《たくなわ》」、すなわち非常に大きな縄を持って、「百八十」、たくさん結んで。つまりこれはしっかりした建物を示す表現です。その「制《のり》」、大きさというのは、柱は太く高く、板は厚く広い板を使ってつくってあげます、

【史料九】『日本書紀』神代下第九段第二の一書

既にして二の神（経津主神《ふつぬし》・武甕槌神《たけみかづち》）、出雲の五十田狭《いたさ》の小汀《おばま》に降到りて、大己《おおなむ》貴《ち》神に問ひて曰はく、「汝《いまし》、将に此の国を以て、天神《あまつかみ》に奉らむや以不《いな》や」とのたまふ。対へて曰はく、「疑ふ、汝二の神は、是吾が処に来ませるに非ざるか。故、許さず」とのたまふ。是に、経津主神、則ち還り昇りて報告す。

時に高《たか》皇《ひ》産《むす》霊《ひ》尊、乃ち二の神を還《かえ》し遣《つかわ》して、大己貴神《おおなむち》に勅して曰はく、「今、汝が所言《まうすこと》を聞くに、深く其の理《ことわり》有り。故、更に条にして勅したまふ。夫れ汝が治《しら》す顕露之事《あらわれなること》は、是吾孫治すべし。汝は以て神事を治すべし。①又汝が住むべき天日《あめのひ》隅宮《すみのみや》は、今供造《つく》りまつらむこと、即ち千尋《ちひろ》の栲縄《たくなわ》を以て、結ひて百八十紐《ももあまりやそむすび》にせむ。其の宮を造る制は、柱は高く大《ふと》し。板は広く厚くせむ。又田供佃《つく》らむ。又汝が往来《ゆきか》ひて海《わたつみ》に遊ぶ具《そなえ》の為には、高橋・浮橋《うきはし》及び天鳥船《あめのとりふね》、亦供造《つく》りまつらむ。又天安河に、亦打橋造らむ。又百八十縫《ももやそぬい》の白楯《しろたて》供造らむ。又汝が祭祀《まつり》を主らむは、天《あめの》穂日命《ほひのみこと》、是なり」とのたまふ。

ということを約束します。

ここで特に注目したいのは、天日隅宮とか百八十《ももやそ》という表現です。また「百八十縫の白楯供造らむ」と、たくさんの白い紐を縫い込んだ楯をつくってあげますというのも、このとき約束されたことです。

さらに「汝が祭祀を主らむは、天穂日命《あめのほひ》、是なり」と書いています。この話は『日本書紀』第九段第二の一書にしか見えませんが、極めて重要な話でありまして、天穂日命がオオナムチをお祭りする、というか天穂日命以外はしてはいけないんだとも言えるわけです。この天穂日命の子孫が、『出雲国風土記』を編纂した出雲国造出雲臣になるんですね。要するに、ここにはっきり出雲国造の立場が書いてあるんです。出雲国造、それは奈良時代に実際に杵築大社をお祭りしていたと思うんですけど、そういう自らの立場をしっかり位置づけたものが、第九段第二の一書なのです。『日本書紀』編纂時に、自分たちの主張を一書という形で盛り込んでもらったのでしょう。

次に『風土記』をみてみますと、実は杵築大社を巡って全く同じような表現が出てまいります。『風土記』の楯縫郡条です。平成の大合併まで平田市と言っていた場所です**【図1】**。ここの地名起源伝承を見ますと、楯縫と名づけるゆえんは、神魂命が、「私の天

【史料一〇】『出雲国風土記』楯縫《たてぬい》郡条

楯縫と号くる所以は、神魂《かみむすび》命詔たまいしく、吾が十足天日栖宮《あめのひすみのみや》の縦横の御《み》量《はかり》、千尋栲紲《ちひろのたくなわ》持ちて、百結《ももむすび》に結び八十結《やそむすび》に結び下げて、此の天御量《あめのみはかり》を持ちて、所造天下大神《あめのしたつくらししおおかみ》の宮を造り奉れ、と詔りたまて、御子天御鳥《あめのみとり》命を楯部《たてべ》と為て、天降し給う。爾の時、退り下り来坐して、大神宮の御装束《みよそおい》の楯造り始め給いし所是なり。仍りて、今に至るまで、楯桙《たてほこ》を造りて、皇神《すめがみ》等に奉る。故、楯縫と云う。

日栖宮の大きさであるところの千尋の栲紲の縄で百結びに結び、百八十結に結んでいるが、このような大きさで、所造天下大神のオオナムチの宮をつくれ」というふうに言われ、そのときに楯をつくり始めたと書いています。楯をつくったから楯縫という名称なわけですけども、それが今に至るまで続いていますということが書いてあります**【史料一〇】**。

これには、先ほどの**【史料九】**と非常に似た表現が数多く出てくるわけです。天日栖宮という名前もそうですし、千尋栲紲の話もそうですし、百八十に結んだという話も同じであります。それから百八十の楯をつくったというのが**【史料九】**に出てきますけど、ここでもやはり楯をつくったという話が出てきて、それが今でも続いている、奈良時代もやっていると書いてあるわけです。『日本書紀』ができたのが七二〇年。『出雲国風土記』は七三三年にできていますから、『日本書紀』の編纂は完了しています。『風土記』は『日本書紀』にあわせて書いているわけです。『日本書紀』にあわせているというか、第九段第二の一書も出雲国造出雲臣の主張ですから、『風土記』には、『日本書紀』に一書として掲載されることで公的な意味を持つようになった出雲国造出雲臣の主張、というか政治的な立場を強く盛り込んだと言えるでしょう。

最後に、たびたび登場する一八〇という数字について触れますが、『古事記』では大国主神の御子は「百八十神《ももやそ》」だと表現されます。一般的に数え切れないくらい多いことは確かに百《もも》とか八十《やそ》とか言うんですけど、神様の数について「百八十神」というような表現は、八世紀の文献では『日本書紀』の欽明天皇のところにみえる一例を除いて、すべて出雲に関連しています。

七、「百八十神」について

では、この「百八十神」神話は現実の出雲の社会にどのような影響を与えのでしょうか。それは出雲国の神社に現れます。『風土記』には、全部で三九九社の神社が出てまいります。まず冒頭に神社の数が書いてあり、また各郡に神社の名前を列記した部分があります。これは、出雲国以外の風土記にはみえない特徴です。その三九九社はさらに二つに分けられます。そのうちの一八四社は神祇官《じんぎかん》社という神社です。残り二一五社が不在神祇官社という神社です。神祇官というのは当時の神社行政をつかさどっている官庁ですね。神祇官社というのは、そこの神社帳簿に載っている神社であって、後に編纂された『延喜式』に掲載されていることから、式内社とも言います。この官社の数は『風土記』では一八四社、『延喜式』では一八七社で奈良時代・八世紀の『風土記』から平安時代・一〇世紀の『延喜式』までの間に三社しか増えていません。

実は全国的にみますと、出雲国の様子は変わっていて、一般には官社の登録は七世紀の終わり頃に始まって、一〇世紀までの間に次第に増えていくのが普通なのです。たとえば、今の東京都と埼玉県を中心とする武蔵国は奈良時代には官社は四社だったようですが、『延喜式』では四四社もあり、主に平安時代に登録作業が進んだようです。このように考えますと、奈良時代と平安時代の官社数がほぼ同じ出雲国では、おそらく八世紀前半までに登録された官社を固定して、その後増やさなかった、官社の追加登録を認めない政策がとられたのだと推定されます。なぜか。それは官社の数の約一八〇に意味があったと考えるべきです。そしてこの一八〇はまさに『古事記』や『日本書紀』で出雲にあるべき「百八十神」なのでしょう。

おそらく、『古事記』や『日本書紀』という、日本列島全体を支配するヤマト王権・律令国家の神話、特にオオナムチが天皇の先祖に国を譲る国譲り神話のなかで、出雲にはオオナムチの御子の百八十神がいると設定され、それと矛盾しないように百八十の神社が整備されたのではないかと思います。ただし、この場合でもなぜ「たくさん」を「八十」や「百」、あるいは「八百万《やおよろず》」でもなく、「百八十《ももやそ》」としたかは考えなければいけないと思います。神社を整備する以上、設置する地元との調整も必要でしょうから、出雲の豪族である出雲国造出雲臣が仲立ちとなって、ヤマト王権・律令国家とその神話構想とを相互に調整しながら地元の神様を捉え直したり、ヤマト王権の神話に基づく、出雲では本来信仰されていなかった新しい神をくわえたりして、結論として「百八十神」にまとめたのではないかと思います。

八、おわりに

『出雲国風土記』の世界観を読み解きますと、その根底には極めて土着的と言いますか、出雲なりの要素を多分に含み込み、非常に丁寧に扱われている国引き神話があります。これは、中海・宍道湖圏にあたる「出雲の国」が、意宇郡の豪族、すなわち出雲国造出雲臣によって狭田国・闇見国など小さな国（中小豪族の支配領域）をまとめることで成立したことを反映したものであると言えます。

そしてそのあとに、覆い被さるように、日本列島全体の国造り、すなわちヤマト王権・律令国家の国造りに関連する部分が続きます。これは、「国引きましし後」とされる杵築大社の造営な訳です。そして、杵築大社の造営は、『古事記』・『日本書紀』、特に『日本書紀』の神話では、国譲りの代償として造営され、アメノホヒすなわち出雲国造出雲臣がお祭りすることになっていますから、まさに出雲国造出雲臣の神話でありま す。ただし、その神話の方向性は、オオナムチが天皇の先祖に国を譲るストーリーを向いているというか、巨大な杵築大社の存在自体が、「実際に国譲りがおこなわれたんだ」という証拠と言う意味がありますので、最初の国引き神話のような「出雲の国」における出雲臣のそれではなく、大王（天皇）を中心とするヤマト王権のなかでの出雲臣の役割と密接に関わるものです。出雲国造出雲臣は、「出雲の国」とヤマト王権・律令国家の両方に関わっていて、ちょうど蝶つがいに当たるような役割を果たしているわけです。そして『風土記』が書かれている奈良時代に現実に政治力を持った氏族でした。

このため、出雲を舞台としている『古事記』・『日本書紀』の神話のなかでも、出雲臣の政治的役割の正当性についてふれた部分、すなわち国譲り神話に関係する部分は、これは『風土記』にも積極的に取り込まれたのでしょう。『風土記』の楯縫郡に書かれていることは、楯桙の貢納など、実際におこなわれていたから書かれているのでしょうが、わざわざ『日本書紀』に引きつけた表現で書かれているのです。

今日はお話ししませんでしたが、出雲神話としてよく知られ、『古事記』『日本書紀』にともに記されているスサノオのオロチ退治、これについては国譲り神話とは全く対照的であって、『風土記』のなかにはその痕跡もありません。奈良時代の出雲国にオロチ退治の伝承があったのかどうか、それは解りません。ただし、オロチ退治（スサノオ）と出雲臣には関連がありませんので、『風土記』に取り入れなければいけない理由はなかったと思います。『風土記』では、その編集責任者である出雲臣を媒介として、「出雲の国」の神話とヤマト王権・律令国家が出雲に対して求めた神話がうまい具合に融合されているのです。また、おそらく奈良時代には、「百八十神」に対応する神社の整備に見られるように、神話の世界が重視されたと言いますか、出雲臣を中心とする世界観は実社会でも意味を持っていたのだと思います。

きょうのお話はここまでとさせていただきたいと思います。どうも御清聴ありがとうございました。

【第3部】 出雲国風土記の世界

土地の名を語る風土記

―出雲にあふれる話す神、坐す神―

吉松大志

一、はじめに

今日は土地の名を語る風土記、という題でお話いたします。そもそも「風土記」とは土地の名を語る、つまり地名起源説話をまとめた書物であるというのが今日の話のキーポイントになります。そして「風土記」は朝廷の命令で作られ、読み手は都の天皇・貴族といった朝廷の人びとであったということも重要なポイントです。そして『出雲国風土記』に関して言えば、たくさんの神が登場しますが、その行動は「話す（詔《の》る）」と「坐《いま》す」の大きく二つにわけられます。

ではその「話す」と「坐す」の説話の背後にある本質は何なのでしょうか。出雲国風土記の地名起源説話をみなさんと一緒に読みながら考えていきたいと思います。

二、『出雲国風土記』坐す神の説話

出雲国風土記に載っている地名起源説話を数え上げますと、全部九〇件ほどあります。その中で、〇〇と詔る、というように神の発言が地名起源となる説話が二十三件、神や社が坐す（もしくは在る）形式の説話が二十五件にものぼります。つまり「詔る」神・

「坐す」神の説話が、出雲国風土記の地名起源説話の半数以上を占めるわけです。

地域的にみてみると、「詔る」神の説話は意宇・島根・秋鹿・楯縫・仁多郡といった出雲国東部に多く、「坐す」神の説話は出雲・神門・飯石郡と出雲国西部に多いという割とはっきりとした傾向が出てきます。

吉松大志（よしまつ・ひろし）
島根県古代文化センター研究員
東京大学大学院人文社会系研究科修了。2012年より島根県古代文化センター特任研究員として研究業務に従事。2014年より現職。
専門は日本古代史。著作に「古代出雲西部の神社と交通」、『解説出雲国風土記』（共著）ほか。

ではまず坐す神の説話から読んでいきたいと思います。その前にまずそもそも地名起源説話はどのように成立するのでしょうか。一般的に地名起源説話は神や人間の名や発言・行動などから地名が付けられたように書かれていますが、実際には地名が先行し、それを解釈するために説話が形成されると考えられています。これから読んでいく坐す神の説話も、地名のおこりを説明するにあたって、その地名を冠した神格が成立したことを示しています。では早速史料を読んでいきましょう。

【史料一　『出雲国風土記』意宇郡山代郷条】

山代郷《やましろのさと》。……天下造《あめのしたつく》らしし大神大穴持命《おほかみおほあなもちのみこと》の御子《みこ》、山代日子命《やましろひこのみこと》坐《いま》す。故《かれ》、山代と云《い》ふ。

非常に簡潔でわかりやすい地名起源説話です。山代日子命が坐す、だから山代というんだ、と説明しています。これを私は「坐す型説話」と呼びたいと思います。一見すると神の名から地名が付けられたようにみえますが、先ほど述べたように、「ヤマシロ」という地名が先に存在し、それを説明するのに地名を冠した「ヤマシロヒコ」という神格が後から発生して、それが逆転して地名起源説話が成立しています。これが坐す型の地名起源説話の一般的な構成です。

【史料二『出雲国風土記』神門郡八野郷条】
八野《やの》郷。……須佐能袁命《すさのおのみこと》の御子、八野若日女命《やのわかひめのみこと》坐しき。爾時《そのとき》、天下造《あめのしたつく》らしし大神《おほかみ》大穴持命《おほあなもちのみこと》、娶《あ》ひ給《たま》はむとして、屋《や》を造らしめ給ひき。故、八野と云ふ。

この説話は単純な坐す型説話ではありません。八野若日女命が坐すから八野郷、ではないのです。大穴持命が結婚しようとして「屋」を造ったから八野というのだ、という構成になっています。つまりもともと八野郷にあった坐す型説話に、大穴持命の妻問い説話が上からかぶさるように接合してこの説話が成立しているのです。神門郡には大穴持命の妻問い説話が多く、各地域にもともとあった地名起源説話に、「恋多きオオナムチ」像が後からかぶせられたかのような構成を取っているのが特徴です。

三、出雲の坐す型説話の特徴―「郷の中に坐す」

このように坐す型説話にもいろいろな形があるのですが、実は坐す型説話は出雲国風土記だけではなく他の国の風土記にもみられます。ただ、出雲国風土記にのみみえる特徴的な表現があります。それが「郷の中に坐す」です。

【史料三『出雲国風土記』出雲郡美談郷条】

美談郷《みたみ》。……天下造《あめのしたつく》らしし大神大穴持命《おほかみおほあなもちのみこと》の御子《みこ》、和加布都努志命《わかふつぬしのみこと》、天地初《あめつちはじ》めて判《わか》れし後《のち》に、天の御領田《みた》の長《をさ》に供奉《つかへまつ》り坐《ま》しき。即《すなは》ち、彼《そ》の神《かみ》、郷《さと》の中《うち》に坐《いま》す。故、三太三《みたみ》と云ふ。神亀三年、字を「美談」と改む。

ここでは和加布都努志命が「郷に坐す」ではなく、「郷の中に坐す」とされています。出雲国風土記では他に数例みられますが、他国では類例がありません。では郷の中とは、具体的にどこに神が坐すのでしょうか。

一般的に神は山や川、岩などの自然物に坐すと観念されていたと考えられます。たとえば『播磨国風土記』神前郡《かんざき》条では「伊和大神の子建石敷命《たけいわしき》、山使村の神前山に在《いま》しき。乃ち、神在せるに因りて名とす。故、神前郡と曰ふ。」とあります。山に神がいるから神前山、そして神前郡というんだ、と述べています。また『日本書紀』には「女神有《ま》します。名を八女津媛《やめつひめ》と曰《もう》す。常に山の中に居《ま》します。」（景行天皇十八年七月丁酉条）とあり、神はいつも山の中にいると考えられています。

そして神は自然物に宿るという観念は、出雲においても変わらなかったようです。

【史料四『出雲国風土記』秋鹿郡安心高野条】
安心高野《あしむのたかの》。……土体《つちこ》豊え渡《わた》り、百姓《おほみたから》の膏腴《こうゆ》の園《その》なり。樹林《はやし》無し。但し、上頭《いただき》に樹林在《あ》り。此《こ》は則《すなは》ち神社《かみのやしろ》なり。

安心高野は木のない野原だったようですが、その頂上に唯一樹林が生えている。その様子を想像してもらうと、とても不思議で、まるで神のしわざかのような景観です。そしてその樹林に対して「神社」という表現をしています。

【史料五『出雲国風土記』楯縫郡神名樋山条】
神名樋山《かむなびやま》。……嵬《いただき》の西に石神《いしがみ》在り。高さ一丈《つゑ》、周《めぐ》り一丈なり。往《みち》の側《ほとり》に小さき石神百余《ももちあまり》許在り。古老《ふるおきな》伝へて云へらく、「阿遅須枳高日子命《あぢすきたかひこのみこと》の后《きさき》、天御梶日女命《あめのみかじひめのみこと》、多忠村《おほただのむら》に来坐《きま》して、多伎都比古命《たきつひこのみこと》を産み給ひき。爾時《そのとき》、教《をし》へて詔《の》りたまひしく、『汝《な》が命《みこと》の御祖《みおや》の向位《むかくら》に生まむと欲《ほ》りするに、此処《ここ》ぞ宜《よ》き』とのりたまひき。謂《い》はゆる石神は、即ち是《これ》、多伎都比古命の御託《みよさし》なり」といへり。旱《ひでり》に当《あた》りて雨《あめ》を乞《こ》ふ時は、必ず零《あめふ》らしむるなり。

出雲国風土記によく出てくる阿遅須枳高日子命、その后天御梶日女命が神名樋山で多伎都比古命を産むという話につづいて、その山に坐す石神は多伎都比古命の依代であるという伝承がみえます。さらに、日照りに際してその石神に雨乞いをすると、必ず雨を降らせてくれるともあります。この条からは当時の伝承だけでなく、出雲国風土記が作られた当時に生きる人々の祈りを捧げる信仰の一端がうかがえます。このように神は石や岩にも坐すと考えられていたようです。

【史料六　『出雲国風土記』出雲郡神名火山条】
神名火山《かむなびやま》。……曽支能夜社《そきのやのやしろ》に坐す、伎比佐加美高日子命《きひさかみたかひこのみこと》の社、即ち此《こ》の山《やま》の嶺《みね》に在り。故、神名火山と云ふ。

今の神社の感覚に近い、社にも神は坐すというとらえ方もみえます。この条はやや複雑なのですが、まず曽支能夜社には伎比佐加美高日子命という神が坐す、とされます。その上で、その神の社が神名火山の嶺にある、と書かれています。これは間違いではなくて、山の嶺と、それとは別の場所（おそらく麓）の二カ所に伎比佐加美高日子命を祀る社があることを表しているのだと思います。実際、出雲国風土記の出雲郡の神社の項を見ると、対応する社が記されています。

さて社と坐す神の関係に関しては、出雲国の傾向として、坐す型説話を地名起源とする郷は、ほぼすべてにおいて同じ名前の社が存在するという点が注目されます。たとえば、島根郡美保郷は所造天下大神命と高志国《こしのくに》の奴奈宜波比売命《ぬながはひめのみこと》の間に産まれた御穂須々美命《みほすすみのみこと》が坐す、だから美保郷というんだと書かれているわけですが、実際に島根郡の神社の項を見ると「美保社」という社が記されています。同様に塩冶毘古能《やむやびこの》命《みこと》が坐す神門郡塩冶郷には夜牟夜社、樋速日子命《ひはやひこのみこと》が坐す大原郡斐伊郷には樋社というように同じ名の社が存在します。つまり出雲においては、坐す型説話をもつ郷にはほぼ必ず同名の社が対応するわけで、社も坐す神と非常に深い関係にはあるわけです。

このように出雲でも他国と同じように山や岩、社などいろいろなところに神は坐すと記されているのですが、先ほど述べたように「郷の中に坐す」とされるのが出雲の大きな特徴です。ではなぜ山や社など実際の「坐す」地ではなく「郷の中」と表現するのでしょうか。

そもそも「郷」とは、今の○○町・○○村のように領域を表す行政地名とは異なり、律令に基づいて国家によって設定されたあくまで「単位」です。一郷は五〇戸からなり、一戸は二〇人程度の家族・親族集団と言われていますので、一郷はだいたい千人程度の人口を包み込むまとまりにすぎないのです。

つまり郷とは本来は領域を示すものではなく、郷を構成する人びとが納める調・庸といった税を、定量的に把握するために律令国家によって人為的に設定されたものでした。律令制が浸透して時間がたつと、郷は次第に一定の領域を示すようになり、今の町村に近い「領域」という認識にはなりますが、もともとは「人」との関係が深い言葉でした。

つまり、神が「郷の中に坐す」とは、神がどこに祀られていたかという実態はおいて、人々の生活圏と坐す神が非常に近しいことを示すのではないでしょうか。この表現は、古代出雲において神と近い距離で人びとが暮らしていたことを暗示しているのではないかと私は考えています。

四、『出雲国風土記』話す神の説話

それでは次に、「坐す」と並んで出雲国風土記の神の活動の中心である「話す」＝「詔る」神の説話をみていきましょう。

【史料七『出雲国風土記』意宇郡拝志郷条】
拝志郷《はやしのさと》。……天下造《あめのしたつく》らしし大神命《おほかみのみこと》、越《こし》の八口《やくち》を平《たひ》らげむと為《し》て幸《いでま》しし時に、此処《ここ》の樹林《はやし》茂《しも》く盛《さかり》なり。爾時《そのときの》詔りたまひしく、「吾《あ》が御心《みこころ》の波夜志《はやし》なり」と詔りたまひき。故、林と云ふ。神亀三年、字を拝志と改む。

所造天下大神がここの樹林を見て、「私の心がはやしたてられるものだ」と話す（詔る）ことが拝志の地名起源となっています。これを私は「詔る型説話」と呼んでいます。

【史料八『出雲国風土記』秋鹿郡大野郷条】
大野郷《おほののさと》。……和加布都努志能命《わかふつぬしのみこと》、御狩為坐《みかりしま》しし時に、即ち郷の西の山に持人《もちびと》を立て給ひて、猪犀《ゐ》を追《お》はしめ、北《きた》の方《かた》に上《のぼ》りたまひき。阿内谷《くまぬちのたに》に至りて、其《そ》の猪《ゐ》の跡《あと》亡《う》失せぬ。爾時《そのときの》詔りたまひしく、「自然《おのづから》にあるかも。猪の跡亡失せぬ」と詔りたまひき。故、内野《うちの》と云ひき。然《しか》るに、今《いま》の人猶誤《ひとなほあやま》りて大野《おほの》と号《なづ》くのみ。

この地名起源の構造は、『和加布都努志能命が狩りをして猪を追っていたところ、急に猪の跡が消えてしまった（亡失せぬ）。だから内野と言うのだ。』ではないのです。わざわざ和加布都努志能命に「自然とこうなったなあ。猪の跡が消えてしまった。」と同じことを発言させ、それが「内野」の由来だと述べているわけです。

つまり、見た情景や景観がそのまま地名起源とはならないのです。見た景色と同じ内容をわざわざ神に発言させ、地名起源としているわけで、神の発言に仮託することが地名起源として最も効果的であったことを表しています。

はじめに詔る型説話は出雲国東部に多いという話をしましたが、実は「詔る」神だらけの郡があります。それが秋鹿郡で、郡内四郷すべて神の発言が地名起源説話となっています。これは秋鹿郡の人で出雲国風土記編集者の一人でもある神宅臣金太理による整理の結果と考える見解もあります。また、仁多郡の郡名と四郷の地名起源説話はすべて発言によっています（うち二郷は古老伝）。そのうちの一つ三澤郷は出雲国造や神賀詞奏上にも関わる重要な説話です。

【史料九　『出雲国風土記』仁多郡三澤郷条】

三澤郷《みざはのさと》。……大神《おほかみ》大穴持命《おほあなもちのみこと》の御子《みこ》、阿遅須伎高日子命《あぢすきたかひこのみこと》、御須髪《みひげ》八握《やつか》に生《お》ふるまで昼夜哭《ひるよるな》き坐《ま》して、辞通《ことかよ》はずありき。爾時《そのとき》、御祖命《みおやのみこと》、御子を船に乗せて八十島《やそしま》を率《ゐ》巡《めぐ》りてうらがし給へども、猶哭くこと止《や》まずありき。大神、夢に願《ねが》ひ給はく、「御子の哭く由《よし》を告《の》りたまへ」と夢に願ひ坐せば、夜に夢見坐《みま》す。御子辞通ひたれば、則ち寤《さ》めて問ひ給ふ。爾時、「御澤《みざは》」と申《まを》したまふ。爾時、「何処《いづく》を然云《しかい》ふ」と問ひ給ふ。即ち、御祖の御前《みまへ》を立ち去り出《い》で坐して、名川《なかは》を度《わた》り、坂の上に至り留《とど》まりて、「是処《ここ》ぞ」と申したまふ。爾時、其《そ》の澤の水活《なが》れ出でて、御身《みみ》に沐浴《あ》み坐しき。故《かれ》、国造《くにのみやつこ》、神吉事奏《かむよごとまを》しに朝廷《みかど》に参向《まゐむか》ふ時に、其の水の活れ出でてあるを用《もち》ゐることの初《はじめ》なり。此《これ》に依《よ》りて今、産婦《こうむをみな》、彼《そ》の村の稲《いね》を食《くら》はず。若《もし》食ふこと有《あ》らば、生《う》まるる子は已《すで》に云《ものい》ふ。故、三澤と云《い》ふ。

髭が長く生えるまでしゃべることができなかった阿遅須伎高日子命が、「御澤」と言葉を発し、三澤郷までやってきて「是処」と言い、そこの澤で水浴びをした。だから出雲国造が神賀詞奏上のために朝廷に参向する際は、この水を用いる。また妊婦がこの地域でとれた稲を食べると、産まれた赤ちゃんがすぐしゃべってしまう、とあります。

この三澤郷の説話からもわかるように、仁多郡の地名起源説話は「云《ものいふ》」＝話すことに強いこだわりを見せています。そもそも出雲は『古事記』のホムチワケ伝承にもうかがえるように、しゃべる・しゃべらないということと縁の深い地域でありました。それはこのあと述べる神賀詞奏上をなぜ出雲国造がおこなったのか、という点にもつながってきます。

五、出雲における「詔る」と語り

ではなぜ出雲国風土記では神の「詔る」が地名起源として多く語られるのでしょうか。他の活動とは違う、なにか特別な意味があるのでしょうか。

そもそも神であることを示す敬称の「命」は「御言《みこと》」であり、神や尊貴者が下す命令や発する言葉を尊敬し、ミコトと呼んだと言われています。つまり人々の生活にかかわる重要な命令や発言をするからこそ神として崇敬されていたわけです。そして神の言葉を地名起源とするということは、それを聞いた地域の人びとがいるということを意味します。古代の人びとは（科学的・物理的に可能かは別として）神の声が聞こえる近さで生活していたわけです。

特に神の発言に人びとが接する機会として、神祭りと神語りがあげられます。神祭りとは神を迎え、神と交信・交感し、それを地域の人びとに伝える場、そこではお告げ・託宣という神の発言を聞くとともに、「神語り」が行われました。神語りとは神祭りにおいてまつられる神の縁起・地域の地形の由来・過去の不思議な現象などさまざまな口頭伝承であり、「古老」の活躍の場でもあったでしょう。その神語りの中の地名起源説話や地域の神の由来の部分が切り取られ、各国の風土記に採集されたとされていま す。その中でも、詔る型説話が全地名起源説話の1／4以上を占める出雲国風土記では、神の声を聞くということに関して非常に強い意識を持って地名起源説話が語られており、それは人と神の距離の近さを示すのだと思います。

そういった神語りの担い手として、古老とともに出雲の特徴として語部の存在があげられます。出雲国には「語部（もしくは語）」のウジ名をもつ人々が広範に存在したことが奈良時代の他の史料からうかがえます。そして出雲国風土記においても、出雲国造出雲臣と同じ「臣」のカバネを有し同族関係が推定される「語臣」が意宇郡安来郷に登場します。

【史料一〇『出雲国風土記』意宇郡安来郷条】

安来郷《やすきのさと》。……神須佐乃袁《かむすさのお》命《のみこと》、天壁《あめのかき》立て廻《めぐ》らし坐《ま》しき。爾時《そのとき》、此処《ここ》に来《き》坐《ま》して詔《の》りたまひしく、「吾《あ》が御心《みこころ》は安らけく平《たい》らけく成りぬ」と詔りたまひき。故《かれ》、安来と云ふ。即《すなは》ち北海《きたのうみ》に毘売埼《ひめざき》有り。飛鳥浄御原宮御宇大皇《あすかのきよみはらのみやにあめのしたをさめたまひしおほきみ》の御世《みよ》、甲《かのえ》戌年《いぬのとし》七月十三日に、語臣《かたりのおみ》猪麻呂《ゐまろ》が女子《むすめ》、件《くだり》の埼《さき》に遥《あそ》ぶに、邂逅《たまさか》に和爾《わに》に遇《あ》ひき。賊《やぶ》らえしこと、切《ひそか》にあらず。爾時、父猪麻呂、賊れし女子を浜の上《ほとり》に斂《をさ》め置き、大《いた》く苦憤《いきどほり》を発《おこ》し、天《あめ》に号《さけ》び地《つち》に踊り、行きて吟《さまよ》ひ居《ゐ》て嘆き、昼夜辛苦《たしな》みて、斂むる所を避《さ》ること無し。作是之間《かくするほど》に、数日《ひ》を経歴《ふ》。然《しかく》して後《のち》に、慷慨《うれた》き志《こころ》を興《おこ》し、箭《や》を磨《と》ぎ鋒《ほこ》を鋭《と》くし、便《たより》の処《ところ》を撰《えら》ひて居《を》り。即ち、訴《うるた》へを撎《あ》げて云はく、「天神《あまつかみ》千五百万、地祇《くにつかみ》千五百万、并《あは》せて当国《このくに》に静まり坐《ま》す三百九十九の社と海若等《わたつみたち》と、大神《おほかみ》の和魂《にきたま》は静まりて、荒魂《あらたま》は皆悉《ことごと》猪麻呂が乞《こ》ふ所に依《よ》り給へ。良《まこと》に有る神霊《みたま》坐さば、吾《われ》に傷《そこな》はしめ給ふべし。此《ここ》を以《もち》て、神霊の神《くす》しきことを知らむ」といふ。爾時、須臾《しまら》く有りて、和爾百余《ももちあまり》、浄《きよ》く一の和爾を囲繞《かく》み、徐《おもふる》に率《ゐ》て依り来、居る下《もと》に従《したが》ふ。進まず退《しりぞ》かずして、猶《なほ》囲繞む。爾時、鉾《ほこ》を挙げて中天《そら》を刃《さ》すに、一の和爾殺捕《と》ること已《すで》に訖《を》はりぬ。然して後に、百余の和爾解散《あら》く。殺《き》り割《さ》けば、女子が一脛《かたはぎ》の屠《ほふ》られたる出づ。仍《よ》りて、和爾をば殺り割きて串に挂《か》け、路《みち》の垂《ほとり》に立てき。安来郷の人、語臣与《あたふ》が父なり。爾時より以来《このかた》、今日《けふ》に至るまで六十歳を経たり。

安来郷の地名起源を語る「詔る型説話」に続いて、次のような伝承が載せられます。毘売埼で語臣猪麻呂の娘がワニ（サメ）に食べられてしまった。猪麻呂が浜辺で「神霊」に祈ると百匹以上のワニが、娘を食べたワニを猪麻呂のもとに連れてきたので、猪麻呂は復讐を遂げることができた。

実はこの毘売埼の伝承は安来郷条に書かれていますが、事件の場所は安来郷ではないようです。毘売埼の所在地として「北海」とありますが、出雲国風土記において「北海」とある場合、必ず日本海を指します。そして島根郡には「比売島」という島があると書かれています。こういったことから、毘売埼は安来郷が面している今の中海ではなく、日本海側の浜である可能性があります。とすると、この条は安来郷の地名起源説話の後に、日本海側で起こった伝承が続いているということになり、少し異質な感じがします。

さらに毘売埼伝承の異質さは他にも指摘できます。「甲戌年（天武天皇三年、西暦六七四年）七月十三日」という出雲国風土記では他に例を見ない正確な年月日、また今日に至るまで六十年という経年も記されています。これについては、『日本書紀』的な時間認識であり、朝廷への強い意識がうかがえるという指摘があります。

そしてこの説話は安来郷だけでなく出雲国全体にかかわるものだと考えられます。ワニに娘を殺された猪麻呂は、「当国に静まり坐す三百九十九の社」や「大神の和魂・荒魂」などの社や神の力を得て願いを成就します。安来郷の神、意宇郡の神ではなく出雲国の社や神に祈っていることが注目され、安来郷の単なる地域の一伝承にとどまらない要素を抱えていることは重要です。

そして本当に「神霊」があるならと祈ると、不思議な現象が起こり、願いが叶い、「神霊」が霊妙であることが喧伝されているわけで、この伝承を通じて出雲国の神霊の力の偉大さが主張されています。主人公が出雲臣の同族関係にある語臣であることや正確な日付を記すことなども、その信憑性を高める効果を生み出していると言えるでしょう。

ではこの伝承はなぜ安来郷に記されているのでしょうか。主人公が安来郷に住む語臣与の父であるから、というのももちろんありますが、やはり意宇郡冒頭、すなわち出雲国風土記の冒頭の地名起源説話であるということが大きな意味を占めているのだと思います。

出雲国風土記の地名起源説話の最初に出てくるのがいわゆる「国引き神話」で、「意宇と名付けるわけは…」と島根半島の形成を示す壮大な神話を記します。続いて古事記の国譲り神話を出雲の立場で解釈したような母理郷の説話、そして出雲国造の祖である天乃夫比命＝アメノホヒが登場する屋代郷と続きます。出雲国風土記の編纂責任者である出雲国造の祖として重要なはずのアメノホヒは、出雲国風土記のなかでなぜかここにしかでてきません。続いては楯縫郷。これは布都努志命が楯を縫ったという説話で、おそらく出雲の神々への楯の奉仕・貢納を示すのではないかと私は推測しています。そして安来郷の説話につながるわけです。

つまり出雲国風土記冒頭は、出雲国や出雲国造の根幹となるような説話が連続するわけです。その並びで語臣が語る毘売埼の伝承を配置することで、出雲国の神霊の力をアピールする狙いがあったのではないでしょうか。そしてそれを企図したのは、編纂責任者である出雲国造であったと想像します。

六、おわりに

最初にお話ししたように、風土記の読み手は地元の人びとではなく、都の天皇や貴族でありました。その都と出雲をつなぐ儀式として、奈良時代には出雲国造により神賀詞《かんよごと》奏上がおこなわれました。これは出雲国造が自らの代替わりごとに、神社の祝《はふり》や国内の郡司などを伴って上京し、アメノホヒの子孫として国譲り神話のダイジェストを述べ、天皇の御世を寿《ことほ》ぐ儀式とされるものです。

この時出雲国造が読み上げた祝詞には、熊野の大神、国作りをした大穴持命二柱の神をはじめとした「百八十六社に坐す皇神《すめがみ》たち」からのいわいの言葉を申し上げる、とあります。つまり、この神賀詞は出雲の神々の総意に基づくものとされているのです。さらにこの儀式には出雲国造に加え国内の神社の祝や郡司など百数十人が上京したようで、国造その人だけによるものではなく、出雲全体として天皇を寿ぐ立場がより明確になっています。

それと呼応するように、これまで読んできた出雲国風土記には「話す神」と「坐す神」のあふれる出雲国像が描かれています。人と神の距離が近い地域であり、神とともに人びとが暮らす出雲の情景は、記紀神話の舞台の中心に出雲を選んだ朝廷の意図ともマッチしていると言えるでしょう。ではそういった神々のあふれる『出雲国風土記』を編纂した出雲側の意図はなんだったのでしょう。もちろん地域に神々の説話が広がっていたからと考えることもできますが、やはり単に在地の伝承を寄せ集めたのではなく、神の名や発言を、郷などの行政地名の起源として最優先する、といった出雲国造による編集規範を想定すべきだと私は考えます。

そして出雲国造はそれを通じて「神々のあふれる出雲」感を醸成し、他の国とは異なる特別な出雲を朝廷にアピールしたかったのではないでしょうか。出雲国は地理的・交通的にも都から離れているなかで、出雲国風土記を通じて朝廷や列島の中でその存在感を高めたかったのではないか、と私は想像します。

しかしその望みはかなわず、神賀詞奏上は天長七（八三〇）年を最後に記録から消滅します（実際に神賀詞奏上が行われなくなったかどうかについては諸説あります）。出雲国造の任命も天皇が関与することはなくなって、出雲国司がその任命に重要な役割を果たすようになり、平安時代から中世にかけては、出雲国は列島の一地方に埋没してしまうのです。

ところが、江戸時代以降「神々の国出雲」というイメージは見事復活を遂げます。その理由はいろいろとありますが、やはり『出雲国風土記』が「発見」され、再評価されることと無縁ではないと思います。そのことについては兼岡理恵先生が詳しくお話しされますので（本書一八三〜二〇五ページ参照）、楽しみにしていただければと思います。

【第3部】出雲国風土記の世界

読み継がれる風土記

―風土記はいかに伝えられたか―

兼岡理恵先生

一、はじめに

皆さん、こんにちは。千葉大学の兼岡理恵と申します。

出雲国風土記は今現在、ほぼ完本で残っておりますが、それがずっと一三〇〇年同じように伝わってきたかというと、そうではなくて、いろいろな変遷があります。それを見ていこうというのが、本日の講義の趣旨です。ですから、今日の講座では出雲国風土記の内容自体はほとんど触れないことを、あらかじめお断りしておきます。

二、風土記の成立

今さらお話するまでのことではありませんが、風土記とは『続日本紀』和銅六（七一三）年五月甲子条にみえる撰進《せんしん》の詔によって編さんされたものです。その目的は、大きくまとめると五つの項目にわけられます。一つ目は地名にふさわしい字をつけなさい。二つ目は土地の産物を記しなさい。三つ目は土地の肥沃度を記しなさい、お米がよくとれるのかとれないのかというようなことです。四つ目は山川原野の地名の起源を記しなさい。五つ目が古老が伝える旧聞・異事を伝えなさい。以上の命に基づいてつくられたのが風土記とされています。

そして、現存する風土記は幾つあるのかというと、まず常陸国、それから播磨国、そして、ここ出雲国です。さらにあと二つが九州で豊後国、肥前国。これらがいわゆる五風土記と言われているものです。さらに「風土記逸文《いつぶん》」というものもあります。この風土記逸文はあまりなじみのない呼び方かもしれませんが、ほかの書物に引用される形で断片的にその内容を知ることができる、すなわち、『出雲国風土記』のように書物の形でまとまっては残っていないものの、他の本に「何とか風土記にいわく」というような形で一部が引用されているので、部分的に知ることができ

兼岡理恵（かねおか・りえ）先生

千葉大学文学部准教授
東京大学文学部卒業。同大学院博士課程単位取得退学。博士（文学）。専門は日本上代文学。風土記が古代から現代までどのように伝えられたかという「受容」の視点で風土記研究を進める。著作に『風土記受容史研究』（笠間書院）など。

る風土記のことを風土記逸文と言います。

　これらを合わせますと、さらに三〇カ国、四〇カ国と、多くの国々の風土記が確認されます【図1】。出雲のようにほぼ完本で残っている国もある一方で、逸文さえも残っていない国もあるということになりますが、その違いは一体何なんだろうかということが当然気になってくるわけです。それを風土記逸文のあり方によって考えるのが私の研究です。

　この風土記逸文の持つ意味は二つあります。まず一点目としては、例えば丹後国風土記は、浦島子の伝承がある風土記

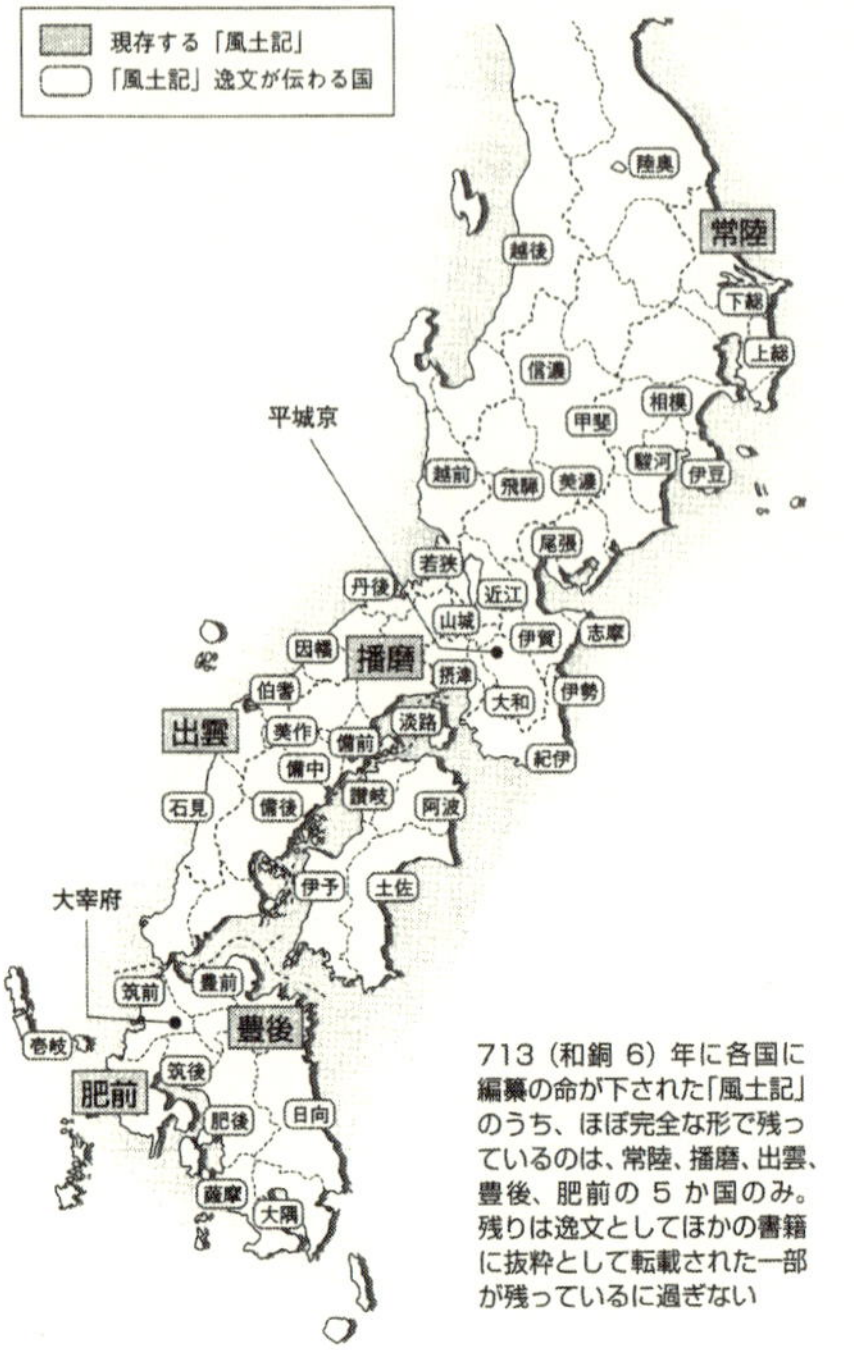

図１　風土記が伝わる国
（坂本勝監修『図説　地図とあらすじでわかる風土記』青春出版社　2011年より）

ですが、逸文の存在によって、丹後国風土記には、こういう話が載っているのだと、現在ではまとまった形で見ることのできない風土記の一部分を確認できることです。

それから二点目は、その風土記が引用されるということは、何らかの関心あるいは必要があって、その文章を引用しているわけです。例えば日本書紀の注釈をするに当たって、その中に登場する出雲国の地名を解説するために出雲国風土記を引用することがあります。引用されるということは何らかの関心、必要があるからこそ引用されるわけですが、翻ってみれば、そこからその風土記に対する関心のあり方が具体的にわかる、というのが風土記逸文の持つ意味です。

では、風土記がどう引用されたか、どう関心を抱かれたか、すなわち「風土記の受容」について年代を追って見ていきたいと思います。

二、古代における風土記の活用

まず、古代における風土記の受容を見ていきます。古代における風土記の利用を簡潔に申しますと、風土記とはそもそも各地方のあり方を知るための報告書ですから、行政文書として利用されました。

ただ、冒頭に触れた『続日本紀』の風土記撰進の詔の中には、このような内容のことを報告せよという文言はありますが、「風土記」という呼称は出てきません。では、この命に基づいてつくられたと考えられる文書が、「風土記」と言われるようになったのは一体いつぐらいなのでしょうか。現在確認できる文献をたどってみると、古い例として『官曹事類《かんそうじるい》』という文献があります。この文献は現在では部分的に、つまり逸文という形でしか残っていませんが、『続日本紀』を編さんする際に用いられた資料などに基づいてつくられ、延暦二二（八〇三）年に奏上されたものです。この中に「風土記」という呼称が見えています。従って、少なくとも九世紀の初めごろにはこの文書が「風土記」と言われていたことが確認できます。

それから同じく「風土記」という呼称が見える早い例として、三善清行「意見封事《いけんふうじ》十二箇条」があります。これは延喜一四（九一四）年に三善清行が醍醐天皇の命に基づいて奏上した意見文ですが、これをを見ますと、清行が、「去にし寛平五年に備中介に任ず。かの国の下道郡に、邇磨《にま》郷あり。ここにかの国の風土記を見るに・・・」とあります。つまり、清行が寛平五（八九三）年に備中介として同国に赴任した際に、備中国の風土記を見たということです。恐らく備中国の国衙（国の役所）で保存されている風土記を見たのではないかと想像されます。都の官人たちが国司として各地方に赴任した時に、自分が治める国はどんな国なのかを知る参考資料として風土記を見たのではないか、ということがこの清行の文章からうかがえます。さらに風土記が撰進された和銅六（七一三）年から一八〇年経過した寛平五年の資料ですから、それぐらい時間を経ても、恐らく備中国の国衙には風土記が存在したことがわかります。

なお意見封事の別の部分には、貞観年間の初め（八六〇年代くらい）に同じく備中介として赴任した藤原保則が「旧記」というものを見たころ、そこに皇極天皇の時代には二万の兵士がいたという文章が載っていた、とあります。この二万の兵士というのは備中国風土記の邇磨郷の地名起源説話（「二万の兵士の郷」が転じて「邇磨郷」になった）だと思われるので、おそらく保則も国司として赴任したときに備中国風土記を見ていたのでしょう。

この意見封事の趣旨は、皇極朝には二万の兵が集まるほどの土地が、清行の時代には全く疲弊してしまったことを引き合いにして、地方行政の立て直しを訴えるものであり、当時の地方の疲弊ぶりを示す資料として日本史の教科書等にも載っています。一方、風土記研究の観点からこの資料を位置づけるならば、赴任した国司たちがその役所に保存されていた風土記を閲覧して、国政の参考資料としている、と言えるでしょう。

三、万葉集と風土記

ですから、出雲国風土記が天平五（七三三）年に完成したのであれば、それ以降に出雲国に赴任した国司たちも国衙に保存されていた出雲国風土記を参照していた可能性があります。

また筑前国司になった山上憶良は、九州の風土記の中に登場する鎮懐石に関連する歌を万葉集に残しています。また、大宰帥になった大伴旅人は松浦川に遊ぶ序といって、いわゆる松浦佐用姫《まつらさよひめ》伝説という肥前国風土記にも載っている話などに基づいた歌を詠んでいます。二人とも九州で風土記が編さんされている途上か、少なくとも何らかの形にはなっている段階で九州に赴任していると思われるので、実際に風土記を見て、それに基づいて歌を詠んだのかもしれません。

一方、出雲国司として赴任した者の中にも出雲で詠んだ和歌を万葉集に残した者がいるのですが、残念ながらその和歌が風土記を参照して詠まれたものかはわかりません。万葉集に関心をお持ちの方は、その作者たちが風土記を参照して和歌を詠んでいたのかもしれない、ということを念頭に置いて万葉集を読んでみると、おもしろいと思います。

四、院政期～中世における風土記の再評価

さて「風土記」という呼称の登場を見てきましたが、一〇世紀の半ば以降は文献上あまり確認できません。これはなぜなのか。この時代は、律令制における土地制度が崩壊して国衙の規模が縮小し、国司たちが地方に赴任しなくなり、地方行政が形骸化する時代です。そうすると、国衙に保存されていた風土記も顧みられなくなっていく。あるいは平将門の乱など、地方でいろいろな戦乱が起こってきますが、そういった戦乱に紛れて失われたと考えられます。それから、地方への無関心という背景も考えられます。

本来なら、この段階で風土記は完全になくなる可能性もありました。しかし院政期頃になると、風土記に対して別の関心のあり方が出てきます。それは歌合《うたあわせ》の判詞や歌学書（歌の学門の書）への風土記の引用です。歌合とは左右に分かれて歌合戦をすることですが、その勝敗理由を説明するのが歌合判詞です。その中で例えば、歌枕である肥前国の「鏡渡」という地名について、肥前国風土記を引用して解説が施されたりします。歌学書も同様で、歌枕でこういう地があるけれども、この地はどんな地なのかという説明

【史料二】『釈日本紀』巻六・述義二・神代上

●泉津平坂

出雲國風土記曰出雲郡宇賀郷自磯西方
在窟戸高廣各六尺許窟内在穴人不得入
不知深淺也夢至此磯窟之邊者必死故俗
人自古至今号土黄泉之坂黄泉之穴也
古事記上巻曰黄泉比良坂者今謂出雲國之伊
賦夜坂也

として、風土記が使われるようになります。

一方、『日本書紀』の研究が中世に盛んになります。そういった研究書にも「出雲国風土記に曰く」という形で出雲国風土記の記事が引用されるようになります。

例えば『古事記裏書』という文永一〇（一二七三）年頃にできた文献の中に、一条引用されています。また、卜部兼方が編さんし、文永一一（一二七四）年から正安三（一三〇一）年頃に成立した『釈日本紀』という文献には、出雲国風土記から五つの記事が引用されています。具体的には、神代（神話について書かれている巻）の、黄泉比良坂を解説する条文の中に「出雲国風土記曰・・・」と引用されています**【史料二】**。その次に「古事記上巻曰・・・」というふうに、古事記からも引用しています。このように『釈日本紀』は、出雲国風土記や古事記の文章を引用することで、日本書紀の中の黄泉比良坂というものがどんなものなのかを解説しているのです。

五、中世歌学書に見える風土記

では次に、和歌関連書における出雲国風土記の利用を見てみましょう。逸文も含めて風土記が多数引用されている書物として、仙覚による『万葉集註釈』という書物があります。これは文永六（一二六九）年に成立したものですが、文字どおり万葉集の注釈書です。この中には常陸国風土記や肥前国風土記、それから逸文となっている風土記などが多数引用されていますが、出雲国風土記からの引用はありません。この理由は、万葉集に収められている約四千五百首のうち、出雲に関連する歌は四首程度しかないため、この書物には出雲国風土記が引用されていないと思われます。

また出雲国に関する歌枕には、例えば「手間関」というところがございます。これは出雲国と伯耆国の境界に位置するところですが、「古今和歌六帖」という書に「八雲立つ出雲の国のてまのせきのてまと名づけしよしも知られず」という歌があります。「手間がかかる」の手間で、実際の土地というよりは、手間という名前自体に関心を持って詠まれている歌です。せいぜいこれくらいで、出雲国には歌枕もあまりありません。そ

【史料二】高松宮家旧蔵『袖中抄』紙背文書

□（記カ）
伊勢　備後
播磨　常陸
□向
　已上五帖借進了
□波　伯耆
豊後　土左
□前
　已上去年十二月四日
　借進之處書還
　給候
永仁五年六月二十四日

んなことも中世の歌学書に出雲国風土記が引用されていない理由です。

逆に、肥前国風土記に登場する松浦佐用姫や鏡渡という地は、歌に詠む題材として中世にも取り上げられた地です。ですから、『万葉集註釈』のほか、『詞林采葉抄』、『袖中抄』といった歌学書には、肥前国風土記が多く引用されています。

また、一三世紀末から一四世紀の初期に、藤原定家の御子左家の流れをくむ歌道の家である二条家が、『袖中抄』（顕昭による院政期に成立した歌学書）を不要になった紙を裏返して使って書写しています。その不要になった面には二条家周辺でやりとりされた書簡ですとか、ちょっとした覚え書きなどが確認されます。いわゆる紙背文書です。それを丹念に見ていきますと、永仁年間（一二九三〜一二九八）に伊勢、備後、播磨、常陸など十か国の風土記を書写したことを示すメモ書きが残されています**【史料二】**。ただ、ここにもやはり出雲国風土記は出てきません。なお、そのメモ書きには「已上五帖借進了」と、「帖」という冊子体を数えるための単位が使用されているので、この時に貸し借りされた風土記は、巻物ではなく冊子体であったことも想定できます。

以上のように、中世における出雲国風土記の利用のあり方としては、いわゆる記紀など出雲神話が載っているような書物には、出雲国風土記が注釈のための参考書として利用されていますが、和歌関係の書にはほとんどうかがえません。また、中世においては出雲国風土記自体に対する注釈書はまだ登場していません。

そして、応仁の乱がおこって戦乱の世、戦国時代になりますと、多くの典籍、書物が焼失、紛失したと思われます。このときにそれまで残っていた風土記も多数失われてしまったのではないかと思います。

六、古典籍としての再評価

続いて江戸時代の出雲国風土記の受容を見ていきます。この時代における風土記の受容というのは、古典籍として風土記自身が関心を呼ぶとともに、地誌編さんを行うなかで風土記の記述に対する関心が生じるという見取り図を描くことができます。

まず一点目として、古典籍としての関心です。江戸時代になって天下泰平の世になると、戦乱の過程で失われた古典籍類を探し求める動きが出てきます。例えば細川幽斎、徳川家康、徳川光圀といった人物が古典籍を探索しています。慶長二（一五九七）年に書写された細川家本出雲国風土記が、現在確認できる最古の出雲国風土記の写本ですが、これは古典籍を探し始めて、そういったものを書写するという活動が盛んになったころの営為の一つです。また寛永一一（一六三四）年には、尾張藩主の徳川義直が日御碕神社に出雲国風土記の写本を寄進していますが、これは現在、日御碕本として知られるもので、こういった時代に書写されていることがうかがえます。

七、地誌としての再評価

次に二点目として、地誌としての関心です。出雲では承応三（一六五四）に『懐橘談』という地誌が、さらに天和三（一六八三）年には岸崎時照によって出雲国風土記の初めての本格的な注釈書である『出雲国風土記鈔』が、相次いで著されます。岸崎時照は松江藩士で、出雲の実地調査をしていまして、そういったところから地名の比定など、地理に関する詳しい記述がなされています。

この一七世紀の半ばから一七世紀後半という時期は出雲に限らず、全国的に地誌の編さんが盛んになってくる時代です。この動きは奈良時代に風土記が編さんされた時代背景ともリンクして考えられます。すなわち、新しい行政支配体制ができるときには、それぞれの地域がどういう地域なのか調査する必要が生じます。江戸時代の場合には各藩で地誌編さんということが行われていく。そこで、古代の地誌である風土記が捜索され、もし残っている風土記があれば地誌編さんに利用するというふうに、古代の風土記に対する関心が高まってきたということです。例えば、徳川光圀は常陸国の地誌を編さんさせていますが、それとほぼ同時期に常陸国風土記も書写させており、地誌編さんの動きと風土記への関心はリンクしているのです。

八、和歌解釈としての再評価

三点目は、和歌解釈からの関心です。和歌の関連書に出雲国風土記が引用された例として、契沖の『勝地吐懐編』があります。契沖は『万葉代匠記』に代表されるように、万葉集の注釈など、古学を推し進めた人物ですが、この『勝地吐懐編』は、歌枕に関する解説書です。その中で「錦浦」という歌枕に関する歌として「名に高きにしきの浦をきてみればかつかぬあまはすくなかりけり」という歌をあげています。当時、この錦浦は出雲国にある地名だと比定されていたのですが、契沖は「出雲の風土記、今も流布するに、錦浦見えねば、おぼつかなし（出雲国風土記が現在流布しており、自分もそれを見たけれども、その中には「錦浦」という項目は見えない。だから「錦浦」を出雲の地名としてよいかわからない）」と解説しているのです。『勝地吐懐編』は元禄五（一六九二）年に成立しているので、出雲国風土記は元禄年間には、ある程度流布していたことがわかります。

また、注目すべきは契沖の弟子である今井似閑が編さんした『萬葉緯』です。『萬葉緯』の成立は享保二（一七一七）年以前と考えられていますが、日本書紀、古事記をはじめとする、万葉集研究の参考となる同時代の資料を集めた書物です。その中の巻十五に出雲国風土記が丸々一巻分納められています。これがいわゆる萬葉緯本出雲国風土記でして、出雲国風土記の写本のなかで重要な写本とされており、昭和三三（一九五八）年に出た岩波古典文学大系風土記の底本となっています。

このように、元禄年間頃には和歌解釈の関心に基づき、出雲国風土記の写本が徐々に流布していたようです。

九、本居宣長と風土記

四点目が、「古文」、「いにしえの文」としての出雲国風土記に対する関心です。ここで掲げなくてはいけない人物が、本居宣長です。

宣長といえば真っ先に思いうかぶのは恐らく古事記ですが、出雲国風土記に対する関心も並々ならぬものがありました。その一例として、「出雲国風土記郡郷図」という出雲国風土記に関する地図を作成しています。非常に正確な地図で、現在の注釈書などに載せられている地図とあまり変わらない程の正確さで、道や地名などが詳細に書き込ま

【史料三】本居宣長『玉勝間』（寛政八年（一七九六））
「出雲風土記意宇郡の名のゆゑをしるせる文」

……さて此文に見えたる事どもを、たゞ寓言のごとく心得むは、例のからごゝろにぞ有ける。神代には、思ひのほかなる、奇き異き事どもの有て、此国土は成竟たるなれば、古の傳説を、いさゝかもうたがふべきにあらず。ことごとく実の事也。たゞ文のまゝにこゝろうべし。

れています。

残念ながら、宣長は出雲国風土記の全体に関する注釈書は残していません。ですが、出雲国風土記意宇郡の、いわゆる国引き詞章だけは詳細に考察しています。宣長の随筆集である『玉勝間』【史料三】には「出雲風土記意宇郡の名のゆゑをしるせる文」として、いろいろな所から国を引っ張ってきて島根半島を作ったという国引き詞章を荒唐無稽な話（「寓言」）と考えるのは「から心」（何事も論理詰めで考えようと思う心）である、と書いています。宣長は国引き詞章を古事記の言葉同様、いにしえの趣を残した非常に大切な言葉であると評価しています。だからこそ宣長はこの国引き詞章は自分で注釈したい、解説したいということで注釈を試みたのです。同じく国学者の橘守部も、国引き詞章を『文章撰格』という文章作成指南書において、古文、いにしえの文として評価しています。

十、『訂正出雲国風土記』の完成・出版

そして、出雲国風土記がより広く世に広まるきっかけを作った書が『訂正出雲国風土記』であります。これは千家国造家の千家俊信《としざね》によって寛政九（一七九七）年ごろに完成し、文化三（一八〇六）年に出版されます。この出版されたということが大切です。先ほど岸崎時照による『出雲国風土記鈔』という注釈書の名前をあげましたが、これは写本で、刊行・出版という形にはなりませんでした。写本ですと限定された人の中で広まることしかできませんが、版本という形であれば、より多くの人が読むことが可能になります。そういう意味で、『訂正出雲国風土記』は出雲国風土記が流布する契機をつくった書物と言えるのです。そして、この『訂正出雲国風土記』の成立にも宣長が深く関与しています。

実は俊信は宣長に入門しており、宣長のお弟子さんだったのです。俊信と宣長の間で

は頻繁に手紙が交わされ、俊信は手紙の上で宣長に教えを請うていました。現存する宣長から俊信に宛てられた書簡の中から、『訂正出雲国風土記』に関する記述を見ていきましょう**【史料四】**。

まず寛政九（一七九七）年六月十九日付の書簡に、『訂正出雲国風土記』の執筆（「御改板」「御開板」）に関する事柄が見られます。また執筆に際し、俊信は宣長から訓点など色々なことを添削してもらっていることが窺えます。さらに、『訂正出雲国風土記』の序文を宣長に執筆してもらうことについて、宣長が承諾しています。また寛政十（一七九八）年五月二十八日付の書簡にも「御訓点致二拝見一」とあり、訓点等の添削を受けていたことがわかります。

そして、寛政十二（一八〇〇）年六月二十八日付の書簡では、宣長は、あなたが執筆している『訂正出雲国風土記』を早く出版しなさいよと薦めています。文中に出てく

【史料四】本居宣長から千家俊信に宛てた書簡（『本居宣長全集』筑摩書房）

・寛政九年六月十九日付

一、去ル三月貴翰被レ下、出雲国風土記正文御改板被レ成度思召ニ而、二郡之分

御認被レ遣、落手仕候、其後訓点少々添削いたしかゝり候へ共、愚老追々用事繁他ニ而、さまさま之事さしつとひ、いまた悉クハ得改メ不レ申候、近キ内相改終わり申候ハハ、返上可レ仕候、左様思召可レ被レ下候、右風土記御開板愚序之儀被二仰聞一、致二承知一候。

・寛政十年五月二十八日付

一、出雲国風土記御改正御訓点致二拝見一、少々存寄り書入返上仕候、何とそ正文御入木可レ被レ成レ候、愚序之儀致二承知一候。

・寛政十二年六月二十八日付

……兼々御願望之出雲風土記御開板も、此度五十槻と被二仰合一、一ツに開板ニ相成候由承及申候、左様も可レ宜奉レ存候、何分早く被二思召立一候様可レ被レ成候、肥前風土記も、いつき校合ニ而板本出申候而、大悦いたし候…。

る「五十槻」とは、伊勢の国学者、荒木田久老のことですが、彼は寛政一二年に『肥前国風土記』を出版しています。つまり、『肥前国風土記』も出版されたので、あなたの『訂正出雲国風土記』もぜひ出版してくださいよ、と書いているわけです。この宣長という人は、出版することで多くの人に読まれるということを非常に自覚的に実行しており、出版史的にも興味深い人物です。結局、この『訂正出雲国風土記』が出版されたのは文化三（一八〇六）年、完成してから十年弱かかっています。宣長は享和三（一八〇三）年に亡くなっていますが、序文は約束通り宣長が書いたものです。

以上、『訂正出雲国風土記』について見てきました。出雲国風土記に対する千家俊信の国造家としての関心、さらに宣長の古学としての関心、そういったものが相まって同書は執筆、出版され、それによって広く流布しました。この後、明治期に古典全集などが編まれていきますが、そのときの本文にもこの『訂正出雲国風土記』が採用されていきます。国立国会図書館ＨＰの近代デジタルライブラリーや、早稲田大学図書館ＨＰの「古典籍データベース」などで、『訂正出雲国風土記』の画像を気軽に見ることができるので、興味のある方は是非検索してみてください。

十一、おわりに

以上、大変駆け足になりましたが、出雲国風土記を中心に、各時代における「風土記の受容」というものを見て参りました。今から約一三〇〇年前に成立した出雲国風土記が、どのような関心、あるいは無関心を経て現在まで伝わってきたのか、その一端がおわかりいただけたのではないかと思います。

では、どうすれば出雲国風土記をこれからさらに千年後も残すことができるのでしょうか。それは、一人でも多くの方がささいなことからでもよいので出雲国風土記に関心をもっていただき、解説書などを手にとり、理解を深めていただくことだと思います。そして本日の講座が、風土記が一三〇〇年を経て残ってきたという意味を改めて考える契機になったのならば幸いです。御清聴ありがとうございました。

山陰文化ライブラリー
8

古《こ》代《だい》出雲《いずも》ゼミナールⅡ
―古《こ》代《だい》文《ぶん》化《か》連《れん》続《ぞく》講《こう》座《ざ》記《き》録《ろく》集《しゅう》―

二〇一五年八月三〇日　初版発行

刊行　島根県・島根県教育委員会

編集　島根県古代文化センター

販売　ハーベスト出版
〒六九〇―〇一三三
島根県松江市東長江町九〇二―五九
ＴＥＬ　〇八五二―三六―九〇五九
ＦＡＸ　〇八五二―三六―五八八九

印刷・製本　株式会社谷口印刷

定価はカバーに表示してあります。
落丁本、乱丁本はお取替えいたします。

Printed in Japan
ISBN978-4-86456-157-0　C0021

「山陰文化ライブラリー」刊行のことば

人類は言語をもち、文字をもち、思考と記憶の伝達手段を手に入れて発達を遂げてきました。そして紙を発明し、約五百五十年前には活版印刷を発明し、知識の伝達は飛躍的に増大しました。

近年では、インターネットなど電子的メディアが急速に進歩し、これらは人類にとってさらに大きな恩恵をもたらしています。しかし、これら新しい情報伝達手段は、従来の方法にとってかわるものではなくて、むしろ選択肢を増やしたというべきです。紙の本は、依然として欠くことのできない媒体であることには変わりがありません。

人が住む地域それぞれには、アイデンティティがあり生活や文化、歴史が存在します。山陰にもこの地域ならではの生活や文化、歴史が存在します。この連綿とした人々の営みを書物という媒体に託して伝えていきたい。このシリーズの刊行にあたり、この地域を愛し、この地域のことを知りたいと思う読者に末永く愛されることを願ってやみません。

平成二三年十月一日

谷口博則